PAULISKA.

Challion Del

Pardonnez moi d'avoir été heureuse en le
sauvant !

PAULISKA,

OU LA

PERVERSITÉ MODERNE;

MÉMOIRES RÉCENS

D'UNE POLONAISE.

TOME II.

A PARIS,

Chez LEMIERRE, Libraire, rue Jacob, nº. 12,
vis-à-vis celle des Deux Anges.

AN VI.

PAULISKA.

Suite de l'Histoire d'Ernest Pradislas.

« Enrolés dans le Corps Franc de *Giulai*, on nous conduisit au dépôt stationné à Herdorf. L'air déterminé de Julie qui semblait n'exister que par moi ne contribua pas peu avec sa taille élancée et avantageuse, à donner le change. Je lui représentai en vain pour la dernière fois les dangers auxquels elle s'exposait; tout fut inutile. Il est des imaginations contre lesquelles il ne faut pas lutter : je me bornai pour l'instant à tâcher d'améliorer le sort de mon amie, et à l'espoir de l'y arracher par la suite. Nous fûmes rendus au Quartier à la pointe

Tome II.   A

du jour, présentés au Capitaine Chef du dépôt, et de là renvoyés à Trench, Caporal, chargé de notre installation.

» Trench était un Hongrois à la face verte, au nez écrasé, à l'œil d'encre ombragé de sourcils épais. Cette belle figure était surmontée d'un front de la largeur d'un doigt, quarré et terminé par des crins huileux qui allaient tous se réunir en un énorme faisceau noir, qui prenait le nom de queue. Trench grinça des dents, en croyant sourire pour nous faire accueil. « *Petite Polone, bien choli, tous* » *deux,* » dit-il en mordant son poing et agitant sa canne avec joye. Il me parut que Trench avait un goût décidé pour caresser les épaules polonaises, et je vis que ce rustre nous préparait de la tablature. « *Venir au maccazzin* *habillir,* ,, dit-il en nous poussant par le dos, et il nous introduit alors dans une vaste salle humide , remplie de tablettes couvertes d'habits , vestes, pantalons, bottines de toutes couleurs et qui nous parurent avoir déjà été portés.

» Nous témoignions de la répu-gnance à endosser un pareil uniforme. *Petit Polone télicat* , dit le Caporal en nous faisant asseoir sur des caisses ; *allons habillir*, reprit-il d'une voix terrible. Il nous délivra alors à chacun un habit-veste verd , taché et presque en morceaux, un pantalon rouge rapé, du double plus long et plus large qu'il ne fallait , des bottines moisies , à demi - usées et un petit casque de cuir pestiféré. Nous nous regardons Julie et moi en témoignant de l'aver-sion ; mais il fallait se résigner.......Nous nous hâtons de nous vêtir, pen-dant que Trench fumait gravement sa pipe, et nous achevions cette pénible toilette , lorsqu'en enfilant la manche de mon habit , je fais sortir un lambeau de chemise de mon prédécesseur et passe mes doigts par des trous de balles. De son côté, Julie pousse un cri d'horreur en entrant sa bottine et la rejettant au loin en fait sortir un pied qui y était resté. *Ah! ah! petit Polone télicat*, s'écrie aussi-tôt Trench en riant aux éclats et montrant deux rangées de dents qui semblaient faire le tour de sa tête; *li étre trôle! le boulet emporte le chambe et laisse le piede....* et il continue d'étouffer de rire. Ce trait suffit pour peindre la férocité de cette soldatesque, et c'est avec de tels êtres que nous étions condamnés à vivre!

» Julie faillit s'évanouir de l'impression pénible que lui causa cet incident; mais jettant un regard sur moi elle parut reprendre courage. Trench en s'extasiant toujours et riant du *boulet qui laisse le piede*, daigne enfin choisir à Julie une autre paire de chaussures : nous achevons notre toilette grotesque, et nous voilà volontaires de Giulai par l'uniforme.

» Il fallut procéder ensuite à la coëffure, après avoir été conduits à la chambrée ; la mienne fut bientôt prête, mes cheveux presque rasés depuis ma blessure, me rendaient toute préparation fort indifférente. Mais Julie !... Julie, douée des plus beaux cheveux blonds de l'Allemagne, se vit entre les mains d'un Perruquier recrue Hongrois, qui dans un instant malgré ses pleurs, taille, rogne, rassemble tous ses cheveux en une seule masse, goudronne le dessus avec un mastic noir épouvantable, relie en plomb deux tresses dorées sur ses oreilles et enfonce sur le tout, d'un

A 3

coup de main brusque, un petit casque qui ne s'arrête qu'au joli nez
aquilin d' jeune soldat.

» Le soir, nouvelle épreuve plus
pénible pour le coucher. Je vis l'instant où mon pauvre compagnon devenait le camarade de lit d'un vieux
Cosaque, près duquel le Caporal
Trench eût été un Adonis. Julie ne
put résister à cette crainte; son cœur
se soulevait à la seule idée de respirer le même air que ce rustre. Je
ne sais quelle heureuse étoile permit
que ce vieux Cosaque se trouva porter sous des dehors hideux une ame
généreuse et loyale, il s'amusa un
instant de notre frayeur, puis fit observer à Trench la possibilité de nous
donner un lit vuide qui se trouvait
dans la chambrée. Le terrible Caporal
fronça ses sourcils ombrageux ; mais

il fut forcé de condescendre à la proposition. Nous devions un remerci-
ment russe à ce bon vieux camarade
et lui versâmes abondamment le *chenick* dans un repas que nous lui
donnâmes ; il jura, sur sa moustache qu'il devenait notre protecteur,
s'ennivra pour nous le prouver, puis
s'animant par dégrés il chanta cette
complainte Russe qui termina le festin.

Plainte d'une Femme Russe.

CHANSON COSAQUE.

Mien cœur grandement lâche
Quand toi fuir *Oniskoi*:
Jamais ton dur moustache
Approchir bouche à moi ;
Mais de quoi plus me fâche,
Tendre caresse me fait-on ?

A 4

Jamais un coup (*bis.*) . . . . . de bâton
Pon! pon! pon! (*imitation des coups qu'on lui donne.*)
Plaisir beaucoup extrême ,
Sentir enfin qu'il m'aime !

Toi traîneau, toi fourrure ,
Tenir tout d'Oniskoi ;
La chenick la plus pure
Versir toujours à toi :
Pour mon merci , parjure !
Tendre caresse me fait-on ?
Jamais un coup (*bis.*) . . . . . de bâton
Pon ! pon ! pon ! (*idem.*)
Plaisir beaucoup extrême
Sentir enfin qu'il m'aime!

Mais déjà bras se lasse
A frapper Oniskoi ;
De ta main que j'embrasse
Noircir peau blanche à moi.
Bien mériter la grace
Suis sage et douoe, uu vrai mouton!

Encore un coup (*bis.*)..... de bâton

Pon ! pon ! pon ! (*plus fort.*)

Plaisir beaucoup extrême

Sentir enfin qu'il m'aime!

» Nous rîmes du goût bizarre des femmes Russes et après avoir ennivré notre vieux protecteur, nous regagnâmes la chambrée.

» C'est ici l'instant, ma chère amie, de proclamer hautement l'innocence entière de Julie ; elle était si complette que ne voyant dans tout cela que le plaisir d'être auprès de son ami, aucune allarme, aucune crainte ne troublèrent les témoignages d'une confiance entière et d'un abandon sans réserve. Je ne disconviendrai point de l'impression que dût produire sur moi, à vingt-deux ans, la proximité si grande d'un être charmant. Vingt fois, j'en

rougis, mon amie, dans l'égare-
ment d'un songe ou d'un réveil
agité par l'effervescence des sens, je
fus prêt à m'égarer ; mais toujours
l'innocente réserve de Julie, toujours
votre souvenir, et sur-tout la certitude que je doublais son malheur en
l'éclairant, m'arrêtèrent. J'employai
les instans d'insomnie à persuader à
cette infortunée de retourner à Molsheim et d'abandonner un malheureux
transfuge qui n'avait d'autre espoir
que celui de périr au champ de ba-
taille ; je lui rappellai que seul re-
jetton de sa famille, riche, et sous
une aurore aussi brillante, elle ne
pouvait que se perdre sans me sauver;
mais je n'obtenais pour réponse que
des larmes et l'évidence que cet être
touchant et romanesque identifiait sa
vie avec la mienne.

» Un mois se passa dans une vie

uniforme et presque supportable, aux instans d'exercice près, où Julie accablée du poids d'une carabine succombait sous les bourrades de l'infernal Trench. Un jour ne pouvant résister à l'indignation que je ressentais de voir maltraiter un être aussi délicat, je m'emportai contre le terrible Caporal; cent coups de bâton furent ma récompense et il semblait que le maudit Hongrois prit plaisir en connaissant l'aversion Polonaise pour tous châtimens corporels, à redoubler la vigueur de son bras. Julie heureusement ne se trouva point présente à cette scène, car elle se fût trahie inévitablement.

» Ces épreuves journalières cessérent enfin pour faire place à des craintes plus graves. Le siége de Mayence résolu, le Corps Franc de Giulai fut destiné à former avec les Corps de troupes cantonnés près de Franc-

fort , les lignes de circonvallation ;
pendant que l'armée Prussienne s'em-
ployait principalement aux travaux du
siége. Les volontaires de Giulai eurent
ordre de partir sous vingt-quatre heures
pour les environs de Marienborn où
nous devions camper.

» Le Roi de Prusse qui présidait au
siége établit son Quartier - Général à
Marienborn. Le Corps Franc de Giulai
était placé entre ce village et les lignes,
comme troupe d'observation et vedette
pour la sûreté du Prince-Royal. Postés
sur une hauteur, nous avions tout le
spectacle du siége terrible qui venait
de commencer. Le village de Kostheim
situé près de nous, poste important et
que les Français conservaient avec opi-
niâtreté, fut pris et repris cinq fois
sous nos yeux. La dernière attaque
pour l'emporter fut si vive, ainsi que
la défense, que tous les Corps à portée

eurent ordre de s'avancer rapidement
pour soutenir les troupes Prussiennes.
Habitué au feu, tenant peu à la vie,
je marchais avec calme et intrépidité;
mais c'était le premier pas de Julie
vers la mort, le premier pas de
Julie heureuse et aimante, et je dus
en avoir pitié.

» Je jettai les yeux sur ma jeune
amie; nulle terreur n'était peinte sur
son visage: un air ferme et décidé con-
trastait avec les idées que je m'étais
formées. Ses regards sans cesse fixés
sur moi me prouvaient qu'elle ne crai-
gnait pas pour elle. Cependant nous
avancions en colonne serrée, le canon
grondait et faisait dans nos rangs un
ravage épouvantable. A chaque coup
les yeux de Julie volaient sur moi,
me parcourraient d'un trait, et s'em-
blaient, en la rassurant, la rendre
absolument indifférente sur son sort,

» Nous arrivâmes bientôt aux premières redoutes et l'action s'engagea par un feu de mousqueterie très-vif. L'espèce de désordre des Corps Francs, placés en tirailleurs, ne me permit pas de voir d'abord que Julie n'était point à son rang ; bientôt les cris du terrible Trench m'en firent appercevoir. L'infortunée s'était jettée devant moi, quoique ce ne fut pas sa place, et là, au milieu d'une grêle de balles, toute à son inquiétude, elle faisait le geste de charger sa carabine, sans s'appercevoir que sa seule attention, ses seuls mouvemens tendaient à me servir de bouclier. Trench, le terrible Trench, aussi calme au milieu de cette boucherie qu'à table, vint bientôt la tirer de son illusion par cent coups de canne. Je fus indigné de cette cruauté ; vingt fois je faillis diriger ma carabine sur ce tigre, plu-

tôt que sur les Chasseurs qui nous
étaient opposés. Le tumulte me fa-
vorisait; mais le mal tenait à l'espèce
plutôt qu'à l'individu. Je ne prévis
que malheurs en me vengeant, et j'a-
journai ma fureur.

» Après une demi-heure du combat le plus vif, combat dans lequel
nous perdîmes plus de trois cents
hommes, Kostheim fut emporté; la
retraite de l'ennemi se fit en assez
bon ordre sur Mayence; nous entrâmes dans les ruines du village
et nous y passâmes la nuit sous les
armes sans avoir rien pris depuis 15
heures.

» A la pointe du jour nous reçûmes
des vivres et l'eau-de-vie, breuvage fort inutile pour la pauvre Julie
et l'ordre d'attaquer la redoute du
Mein. C'est à ce point difficile que
nous marchâmes avec vivacité à

cinq heures du matin. L'attaque fut
impétueuse, la défense vive et cons-
tante ; à la fin, notre supériorité, (car
la redoute ne renfermait pas plus de
deux cents hommes,) décida la vic-
toire. Mais tandis que nous franchis-
sions les fossés et pénétrions de toutes
parts dans l'ouvrage, un fracas épouvantable surprend tout-à-coup, boule-
verse, enlève dans les airs une partie
des assaillans. Un atmosphère de sou-
fre nous suffoque, la terre ébranlée,
entrouverte, vomit ses entrailles de
feu jusques aux Cieux et soudain rap-
pelle et engloutit en son sein mille
infortunés qu'elle y avait lancés. Une
mine effroyable emporta la moitié du
Corps de *Giulai*. Je ne sais par quel
miracle je me trouvai, moi sixième,
sur la plage, vivant au milieu des
monceaux de terre et des corps en-
fouis.

» Revenu à moi, je cherchai Julie, donnant des larmes à son amitié, à son trépas dont j'étais la cause innocénte. Je m'égarais en vain, je désesperais de son sort, lorsqu'une main hors de terre, tenant quelque chose de noir frappe mes regards; les doigts s'agitaient et par un mouvement convulsif, annonçaient que la victime existait encore. Quel fut mon saisissement en reconnaissant un nœud de mes cheveux que Julie m'avait demandé lors de notre entrée au Corps! Je ne doutai point alors de son malheur. Je m'élance à terre; ma baïonnette, mon sabre, mes mains sont trop lents pour mon ardeur; heureusement la terre si fraîchement remuée ne résiste point, je l'entrouvre et parviens jusqu'à l'infortunée que je reconnais alors presque défigurée, et dans l'état le plus déchirant.

» Je l'avoue, je fus pénetré de douleur. Cette innocente créature, atta-
chée à mes pas par un amour dont
elle-même ignorait le but, et entraînée
par une passion involontaire succombait à dix-huit ans, avec toutes
les graces , tous les attraits de la
beauté parfaite et de la candeur.
J'essayai de la ranimer ; vains efforts!
je ne perdis pourtant pas toute espérance. Je la portai jusqu'à un charriot
de blessés où je la plaçai et sur lequel je montai moi-même, ayant une
légère contusion à la cuisse dont je
ne m'étais pas apperçu. Qu'on juge ce
que je dûs souffrir pendant une route
de trois lieues, ayant sous les yeux
le corps de la malheureuse Julie!
épiant dans ses traits défigurés, sur
sa bouche décolorée un soupir qui
annonçât son retour à la vie ! ayant
à lutter contre la barbarie du Caporal

Trench qui escortant le charriot, s'écriait sans cesse en secouant cette infortunée : *li étre mort ! gétir dan le fossé !*

» Ces mots terribles me faisaient frémir ; je m'opposai de toutes mes forces à cette cruauté inouie ; enfin le barbare las de mon opposition et voulant monter sur le charriot, s'écria : *place ! li étre mort ! gétir dan le fossé !* et soudain il se mit en devoir d'exécuter cette menace, lorsque tout-à-coup la main de Julie qu'il tirait à lui se crispant et le saisissant par les cheveux, le terrible Trench si fatal aux vivans resta stupéfait et terrifié par ce geste inattendu. Ce mouvement me donna de l'espérance, j'essayai quelques restaurans qui réussirent, et Julie revenant par dégrés de son étouffement, me fut rendue au mo-

ment où nous entrions à Marienborn
dans la cour de l'hôpital.

» Ma jeune amie était bien accablée
quoique sans blessures , sans contusion ; mais la seule idée qu'il fallait
partager le lit de quelque blessé, lui
rendit toute son énergie. Julie resta
donc dans la salle de la visite sans
vouloir se coucher ; elle passa là une
journée entière avec de très - légers
alimens et de la paille. Elle réclama
sa sortie dès le second jour, quoique
très-faible encore , et me fut rendue
le lendemain.

,, Je la conduisis au Quartier, elle
avait peine à se soutenir, ayant dis-
simulé une partie de ses souffrances ;
mais la joye était dans son ame de
ne me point quitter ; et c'est dans
ces transports de sa part, que nous
cheminâmes à pas lents jusqu'à mi-
route de Bleinheim. Là , nous nous

arrêtâmes à une ferme , car Julie mourait de lassitude. Elle y prenait quelques rafraîchissemens , lorsqu'en s'approchant par hazard d'un morceau de glace suspendu à la cheminée , je l'entendis tout - à - coup pousser un cri effrayant et la vis tomber presque sans connaissance , en disant , entre ses lèvres : *je suis défigurée ; il ne m'aimera jamais !* En effet , cette malheureuse fille avait eu le visage tellement maltraité par la poudre des mines , que sa peau en était sensiblement noircie , ses traits bouffis et son aspect effrayant. Je parvins à la ranimer , en écartant ces villageois qui ne pouvaient concevoir cet excès de sensibilité dans un soldat pour sa figure et je redoublai de témoignages d'amitié pour rassurer cette intéressante fille , en lui persuadant que cet accident ne

serait que passager. Elle fut long-
tems inconsolable. " Vous ne voyez
,, pas mon cœur, me disait l'infor-
,, tunée, et mes traits font horreur. ,,
Le croirait - on ? Ce que la beauté
parfaite n'avait pu produire, la pitié,
l'intérêt, la reconnaissance au dernier dégré, l'opérèrent! Je fus touché
de tant des preuves d'attachement,
et ressentis un intérêt moins vif que
l'amour peut-être, mais plus tendre
que l'amitié.

,, Nous pousuivîmes notre route;
nous nous rendions au Corps lentement et connaissant peu les chemins du pays. Arrivés sur une hauteur
nous jettâmes les yeux sur la campagne pour reconnaître notre direction ; je crus devoir me porter sur la
droite pour gagner Blenheim, et nous
nous acheminâmes de ce côté. Nous
n'eûmes pas fait une demi - lieue,

qu'une patrouille de Hussards parut derrière nous, à une grande distance ; mais ayant l'air de nous poursuivre. Nous fûmes consternés par cette vue, sur-tout quand nous reconnûmes que nous passions la limite du pays de Hesse et que nous en vîmes le poteau. La frayeur nous saisit. Julie avait son billet d'hôpital ; elle était en règle ; mais moi, entraîné par la seule générosité, quelles pièces avais-je à produire ? Julie, pansée au bras, à la tête, avait tout l'air d'un convalescent : elle exigea aussi-tôt que je prisse son billet et se cacha dans un bois voisin. Je voulus m'opposer en vain à cet arrangement ; elle m'objecta avec tant d'adresse que l'évidence de sa blessure la garantis-sait, tandis que rien ne pourrait me sauver si j'étais saisi, qu'à demi-per-suadé, pressé par la vue des Hussards qui était près de nous, l'éloignement de Julie qui s'était déjà cachée dans des touffes de châtaigniers, je laissai arriver sur moi la patrouille.

» Je vis bientôt à l'air du brigadier qu'on avait cru courir sur des déserteurs. Je montrai mon billet qui parut le satisfaire et on détacha deux Hussards pour me conduire au Quartier. Je n'eus pas fait deux cents pas que j'apperçus avec douleur que les autres battaient le bois pour trouver la pauvre Julie. Je voulus alors me récrier contre cette erreur et les détromper ; mais j'avais affaire à des Hongrois ; c'est-à-dire à des hommes extrêmement durs. Il fallut avancer rapidement et plongé dans la plus horrible incertitude jusqu'à Blenheim. Là, je fus consigné pour m'être trompé de route. En vain je questionnai pendant trois jours pour avoir

des

des nouvelles de mon malheureux compagnon , nulle réponse , nul indice....... Enfin je fus mis en liberté le quatrième jour , et dûs paraître sous les drapeaux à midi sur la grande place avec la troupe.

» Ce n'était pas jour de revue du Commissaire Impérial ; je présumai que le Prince-Royal passant , on se mettait en parade , je me rendis donc à mon poste. Nous y restâmes deux heures sous les armes. Un air sombre et farouche répandu sur les visages m'inquiettait ; mais je n'en pouvais deviner la cause. Je n'osais proférer un mot. J'observai seulement que Trench semblait rayonner de joye et guetter l'instant de me trouver en faute : je ne lui donnai point cette satisfaction. Cependant ne pouvant résister à mon incertitude , j'allais jetter un regard sur le peloton où devait être Julie ;

Tome II.   B

lorsqu'un roulement général annonce un silence, un Adjudant lit un papier dont personne n'entend le contenu; bientôt on distribue des baguettes, et je suis saisi comme d'un coup de foudre de cette exécution inattendue.

» On nous forme bientôt sur deux haies; l'extrémité s'entrouvre et nous montre un volontaire de Giulai qu'on dégrade; son casque est sur ses yeux, sa contenance ferme, quoiqu'il soit de petite stature. Je frémis! on le deshabille jusqu'à la ceinture et j'ai à peine le tems, pressé par un pressentiment cruel, de m'écrier : *Dieux! Julie! barbares! arrétez! c'est moi qui suis coupable...* qu'un cri général annonce que son sexe est reconnu. L'étonne-ment, l'intérêt sont universels; le Gé-néral Latour est averti sur le champ et se rend sur la place avec le Prince Louis de Prusse. Julie, quoique timide, explique avec énergie et candeur par quel incident elle se trouve compromise et le désir qu'elle avait de sauver à son ami un châtiment peu mérité. L'attendrissement, la surprise pénétrent tous les cœurs, le Prince-Royal demande sa liberté qui était déjà assurée et le Général Latour apprenant mon nom, y joint la mienne, avec promesse d'une Lieutenance dans la première Légion.

» Nous fumes conduits alors à l'hôtel du Général Latour auquel je montrai mes papiers : le récit de mes avantures le frappa, l'intéressa, et j'en reçus à l'instant des témoignages. Si je n'eusse été pénétré de joye en voyant la malheureuse Julie délivrée, je pourrais m'arrêter à décrire la figure de Trench, voyant échapper ses victimes, mais tout entiers à la surprise, à l'ivresse, nous ne perdîmes pas un instant, et comblés des regrets de la plupart des assistans nous prîmes aussi-tôt notre route par le Tyrol, avec cinquante ducats que le Prince-Royal nous fit compter.

» Munis d'excellents passe-ports du Prince, nous marchâmes en sûreté; mais changeâmes bientôt de projets, d'après l'effroi de Julie sur la réception qu'elle attendait de son père. Nous jugeâmes plus convenable de retourner à Francfort où nous pouvions rester sans crainte alors, et de solliciter près de la tante de Julie un pardon qu'elle seule pouvait obtenir par son ascendant sur son frère. Mais comment me présenter chez cette tante ? En vain je proposais de me tenir au faubourg d'Hanau, Julie, la tendre Julie serait morte de la seule idée de s'éloigner de moi.

» J'avais vingt-deux ans, point de

barbe, un teint rosé, une taille svelte; c'en fut assez pour nous faire concevoir le projet le plus romanesque. Notre plan fut dressé de suite : je devais jouer le rôle d'une amie égarée, comme Julie, par le système bizarre des Misantrophiles, revenue de son erreur et ramenée à la raison par ses conseils. Dès-lors plus de difficulté d'avoir accès chez cette tante jusqu'à ce qu'on eût écrit à ma famille irritée, et je restais sans scrupule avec mon amie jusqu'à son raccommodement avec son père.

» Ce plan dressé, je me pourvus d'habits analogues à mon dessein, et Julie reprit ceux de son sexe. C'est ainsi que nous nous présentâmes le troisième jour à Francfort, chez Mlle. Brunher. Elle était de retour de Molsheim depuis un mois. On nous introduisit après mille précautions dans un appartement gothique, et près d'une femme de cinquante ans à-peu-près, ayant du rouge jusqu'à la pointe des cheveux, à demi-aveugle et faisant à ce qu'elle croyait de la tapisserie. A côté d'elle, un Abbé du même âge environ, à la face blême, à l'œil faux, faisait une lecture pieuse. Ce travail important fut interrompu par notre introduction. On juge du pathétique de la scène. L'Abbé s'éloigna par discrétion et tout deux aux genoux de cette bonne tante, nous protestâmes de notre innocence, et de notre retour sincère à la vertu. Julie raconta ses avantures guerrières, montra sa lettre du Prince; c'en fut assez pour pénétrer de joye la dévote Mlle. Brunher, à laquelle on exposa ensuite mes malheurs avec un pathétique à arracher les larmes.

La bonne tante s'opposa long tems

à l'idée de m'admettre ; enfin il fut décidé que je resterais dans la maison, jusqu'à ce que mes parens courroucés fussent appaisés. Elle nous annonça d'ailleurs qu'étant dans une maison régulière et à-peu-près conventuelle , nous eussions à nous préparer d'après notre vie passée, à une confession générale auprès de l'Abbé Parent. « C'est ,, un saint homme, nous dit Mlle. ,, Brunher qui a fui le pays des idolâ- ,, tres, pour habiter la terre promise ; ,, un pieux Abbé Français qui a toute ,, ma confiance et mérite la votre. ,, Nous protestâmes d'une soumission entière au saint Directeur, et nous eûmes ce jour même l'honneur de dîner avec lui.

» Je crus remarquer que la pieuse tournure de l'Abbé Parent, n'était point hypocrisie, et y reconnaître les traits de la véritable dévotion, d'un cinisme pur et sacré. Je ne m'arrêtai point d'abord à ces idées ; mais elles ne tardèrent pas à s'éclaircir. Chaque jour le dévot personnage faisait une lecture édifiante à ma tante ; (car c'est ainsi que je dus la nommer d'après nos conventions.) Julie commençait à reprendre son teint et une partie des agrémens de sa figure. Cet heureux changement ne pouvait que détruire nos précautions , d'après l'ascendant qu'avait l'Abbé Parent auprès de ma tante. Cependant nous prîmes tant de soins pour la maintenir dans son erreur, que nous y crûmes entièrement nous même d'après les témoignages journaliers que l'Abbé paraissait lui en donner.

» Tous les soirs nous avions lecture , prière et conférences, dans lesqu'elles le nouveau Clergé de France était traité fraternellement par le bon fugitif ; mais ses sarcasmes étaient si dévotement enveloppés des mots de *charité, retour de brebis égarées et conversion du pécheur*, que ce fiel sucré paraissait être plutôt l'enthousiasme de l'homme de Dieu, qu'une animosité d'état.

» A la suite de plusieurs conférences, il fut arrêté que d'après notre recueillement suivi, nous étions en état d'approcher du Sacrement de pénitence. Je dûs commencer, et je l'avoue, j'étais peu dévot, peu disposé à me jetter aux genoux du Père Parent. Néanmoins ma position m'y forçait, et c'est le lendemain même que je fus prévenu de me présenter au Saint Tribunal.

» Je me rendis donc dans la chambre du Père. Je le trouvai assis dans un grand fauteuil de cuir, revêtu de son surplis, d'un air de componc-

tion à pénétrer, et les mains sur son
visage.... « Approchez, mon enfant,
» me dit-il en levant les yeux au
» Ciel, et commencez.... » J'ignorais
absolument les prières d'usage ; les
Réfugiés Polonais n'étaient pas forts
sur les formules d'église. J'essayai
cependant de marmotter les premiers
mots usités et j'enchantai le Père qui
paraissait aussi empressé que moi d'en
venir à l'énumération des pécadilles.

» Après quelques aveux généraux
et la nomenclature des erreurs de
l'âge, le Père entra en matière. « Ex-
» pliquez-moi, ma chère enfant, me
» dit-il, ce que c'est que cette secte
» abominable des Misantrophiles dont
» vous sortez et qui vous avait enle-
» vée au bercail du Seigneur ? » Je lui
détaillai alors les préventions, les so-
phismes de la secte et sur-tout le vœu
formel de rompre toute communica-

tion physique avec le genre masculin.
« Avec des Français, à la bonne heure,
» s'écria-t-il! ils ont renoncé au nom
» d'homme ; mais avec l'espèce, les
» conciles s'y opposent ,.... » et à la
suite de son assertion il entasse pour
autorités, St-Augustin, tous les Pères
de l'Eglise....... En déclamant ainsi ,
il m'enveloppait la tête de son surplis et sa joue placé contre la mienne,
il se déchaînait avec violence contre
nos erreurs, en reprenant de tems
en tems, « pardon, ma chère sœur,
» le Ciel m'a frappé de surdité pour
» mes fautes, mes très-grandes fautes,
» et je suis obligé de m'approcher de
» mes ouailles. »

Suffoqué par l'haleine monacale,
j'essayais en vain de m'éloigner : le
maudit surplis m'enveloppait de plus
en plus ; enfin, ne résistant plus à
l'odeur, à l'étouffement, je me lève,

me débats dans ce surplis et dans les bras du saint homme qui se décide enfin à lâcher prise, en me donnant la bénédiction avec un air d'embarras qui dut m'éclairer. Il dissimula néanmoins, reprit son air sévère, et je n'eus la promesse d'une absolution que pour la seconde confession et après des pénitences, des macérations, auxquelles j'eus ordre de me disposer.

» Le soir, Mlle. Brunher nous prépara au jeune d'usage et nous eûmes une collation délicate. Julie dût passer au confessional le lendemain; je tremblais qu'elle ne se trahit par sa naïveté. Je lui fis donc sa leçon, et l'engageai à ne pas passer d'un mot la nomenclature des péchés qu'elle devait avouer. J'eus soin d'écouter à travers la porte une partie de ses aveux et j'eus la satisfaction de voir

l'erreur du Père complette par la nature de ses questions. On s'informa
du Couvent où elle avait été élevée,
du caractère et de l'ordre des pro-
fesses : on questionna beaucoup sur
l'espèce de châtimens corporels usités
dans cette maison, et je remarquai
qu'on s'appesantissait beaucoup sur
un de ces châtimens, dont le Père
soutenait la nécessité pour l'humiliation et la macération.

„ Après huit jours d'épreuves et de
mortifications, nous fumes jugées
dignes d'être admises aux pénitences
de notre tante, et ce fut avec une
gravité extrême que le Père Parent
nous l'annonça.

„ Nous fumes introduits le soir
dans le cabinet de Mlle. Brunher ;
nous la trouvâmes sur un prie-dieu,
absorbée dans ses méditations. Le Père
Parent était à genoux, par terre, de-

vant une image de la Vierge, d'une beauté parfaite. Aux côtés du prie-dieu étaient suspendus des fouets à manche d'ébène, ornés de petits camés représentans les Pères du désert dans leurs mortifications. Auprès d'eux un cilice de crin était attaché à la muraille. Nous nous mîmes à genoux; alors le Père préluda par une prière fervente et énergique, en appellant les douleurs en expiation de ses fautes; puis, tout-à-coup, comme frappé d'un vertige, semblable aux Brames inspirés, il se lève en entonnant le *Miserere*, jette habit, perruque, veste et se dépouille jusqu'à la ceinture, en poussant des soupirs plaintifs, et élevant ses regards au Ciel : « frappez, » mes sœurs, frappez un pécheur, s'écria-t-il en rédoublant de chaleur et nous donnant à chacune un des fouets mystérieux.

,, La bonne Mlle. Brunher frappait bénignement et à chaque coup marmottait une oraison. Le Père trépignait d'impatience en répétant, à haute-voix, les versets du pseaume. « Plus ,, fort ! plus fort ! s'écriait-il avec rage, ,, en s'adressant à nous : frappez, anges ,, d'Héliodore, frappez de verges un ,, impie comme lui. » Son visage, pâle en tout tems, se couvrait alors d'une rougeur brûlante ; il se précipitait au-devant de nos coups ; ses yeux ennivrés semblaient aspirer au Ciel. Julie et moi nous frappions à souhait et nos bras commençaient à se fatiguer, lorsque, par un bienfait de la pénitence sans doute, l'Abbé tomba sur le parquet, tremblant de tous ses membres, dans un état d'ivresse évident, et s'écriant : « le Ciel me ,, pardonne, mes sœurs, une main ,, de feu m'inscrit au livre de vie. Je

,, ressens l'avant-goût des jouissances
,, célestes! »

,, Je m'arrachai des bras de ce
démoniaqne, pendant que la pauvre
tante s'extasiait sur les effets de la pénitence et préparait au saint homme
le consommé qu'elle était dans l'usage
de lui faire prendre après ses mortifications. L'instant de fureur passé, le
Père Parent se r'habilla pièce-à-pièce,
les yeux baissés, avec un air d'humiliation profonde, disant une prière à
chaque vêtement qu'il plaçait; puis,
nous donnant sa bénédiction, il passa
dans la salle à manger pour se recon-
forter.

,, Ces scènes se renouvellèrent
plusieurs fois avant que j'eusse ac-
quis assez de crédit dans la maison,
pour instruire notre tante de mes
soupçons à l'égard de l'Abbé. Ils devenaient chaque jour plus violens ;

néanmoins son air de dévouement était si parfait, sa simplicité si grande, sa charité si fervente, que je doutais souvent moi-même de la vérité de mes conjectures ; mais elles ne tardèrent pas à se réaliser sur tous les points. Le saint homme avait la confiance entière de notre tante. Il en obtenait souvent des secours pour les *Martyrs Français*, c'est ainsi qu'il les appellait. La vaisselle de la maison qui était magnifique, avait disparu presque en entier par les mains du Saint Directeur. Les diamans de Mlle. Brunher avaient eu la même destination. Je fus curieux de savoir si l'emploi était tel qu'on le supposait, et dès-lors nous épiâmes avec Julie toutes les occasions de faire une découverte si importante.

» Nous cherchâmes long-tems en vain à démêler ses relations, ses lieux de dépôt; tout s'en allait tellement *piano* et à petites parties, que les preuves devenaient fort difficiles à acquérir. Enfin, un soir, je crus entrevoir l'instant d'éclaircir l'affaire. Un Juif se présenta à la chûte du jour pour entretenir le Père Parent. Il était sorti. L'embarras de l'hébreu me donna des soupçons : je me procurai à l'instant du papier et contrefaisant l'écriture du Père, talent dans lequel j'excellais, je mandai au Juif : « qu'étant très-malade, il eût

,, à me tracer d'un mot ce qu'il avait
,, terminé pour la vente des effets
,, que je lui avais confiés, que cela
,, pressait, et que j'attendais sa ré-
,, ponse le lendemain matin, à neuf
,, heures; qu'il eût à la glisser sous
,, la porte de ma chambre, où per-
,, sonne n'entrait. » On remit le billet au Juif, qui promit de rendre réponse

le lendemain à l'heure dite. Nous guettâmes l'homme, à huit heures et demie nous eûmes soin d'appeller le Père Parent au déjeûner. A neuf, le billet fut jetté sous la porte et re- tiré par moi. J'y lus ces mots de l'Israëlite.

« Mon Bère ! vodre affair est faide, » au daux ci-dessous :

   » Cent marcs argendri, à 50.   5000 l.

   » Dix gros diamans , esdimés   9000.

   « Bijoux , mondres , boidé , etc.

     » treize onces d'or à 100   1300.

» Come les traidè sur Basle per- » dent beaucoup, jé choins izi une » ordre sur Genef de ladite some » de 15,300 liv. pien blacés ché un » pone Pànquier à vodre disbosition, » jé cardé le pedit diamant pour » ma commission ; cez un bagatel, » et bis i faut pien payer le secrai. »

» Munis de cette excellente pièce,
nous attendîmes l'instant favorable
pour désiller les yeux à ma tante.
Que d'horreurs s'offrirent tout-à-coup
à mon esprit ! la lubricité de l'Abbé
était avérée, comme son escroquerie,
et nous rougîmes d'avoir pu être ses
dupes un instant.

Nous saisîmes le lendemain, jour
où le Père absent et ma tante plus
calme, moins illuminée et plus confiante pour sa nièce parut disposée
à nous entendre favorablement. Que
pensez - vous du Père Parent, ma
tante, lui dis-je ?... « Le Père, reprit
» avec feu Mlle. Brunher, est un de
» ces justes jettés sur la terre à de
» longs intervalles pour l'édification
» des fidèles et le maintien de la foi. »
— Supposons qu'il soit en effet pieux;
croyez-vous à sa chasteté, à son désintéressement ? — « Sa chasteté, s'écria

Mlle. Brunher! puis s'arrétant tout-à-
coup, avec un soupir assez semblable
à un souvenir.... « Oh oui! je l'ai vu
» dans des circonstances....... » Elle
s'arréta encore, rougit malgré son
rouge et nous soupçonâmes qu'à cinquante ans cette bonne fille ne connaissait pas encore bien les termes sur
certaines matières ; mais cependant
que le Père avait déjà commencé pour
elle un cours de définitions. « Quant
„ à son désintéressement, reprit-elle,
„ tout à la charité chrétienne, il ne
„ garde pas même une partie des au-
„ mônes pieuses dont je fais les fonds.
„ Vit-on jamais sur lui des vestiges de
„ mes largesses ? Le saint homme !..»
— Non ; mais en voici de sa fripon-
nerie, m'écriai-je en lui montrant la
lettre du Juif, voyez à qui vous don-
niez votre confiance pour votre ame
et votre fortune,

» À peine achevais-je ces mots, que la porte s'ouvre avec fracas et nous montre le Père Parent furieux. « Lettre ,, contrefaite ! perfide ! s'écrie-t-il en ,, s'adressant à moi, la fraude est dé- ,, couverte, le Ciel m'en instruit ! ,, et vous, femme faible et injuste, » s'écrie-t-il, en s'adressant à M¹¹ᵉ. Brunher, qui reste pétrifiée, « vous ,, méritez votre sort, vous avez reçu ,, Satan en personne, un ravisseur, ,, un homme sous les vêtemens d'une ,, fille. Le Ciel m'en avertit par un ,, trait de lumière, qu'on éclaircisse ,, le fait, si vous en doutez encore, »

» A ces mots il sonne, deux grands laquais Allemands à sa dévotion me saisissent et m'entrainent dans un ca-binet, me jettent sur un canapé mal-gré mes efforts, et l'inspection se com-mence. La vielle Brunher, ses lunettes au nez, est entrainée de force par le

Moine à la scène de vérification, et malgré ses tentatives pour s'éloigner, elle est forcée de reconnaître que le Père est illuminé, et sa victime un fils de Satan.

» Cet éclat me montra d'un seul coup toute l'attrocité du Jésuite, qui n'avait pas ignoré mon sexe dans ses transports et ne le découvrait que pour me persécuter. Je voulus éclater en reproches ; mais la vieille Brunher était ensorcelée par ce dernier trait d'inspiration ; elle crut voir un prophete dans son directeur, toute explication fut inutile et les grands coquins de Saxons nous jettèrent à la porte Julie et moi sans autre cérémonie. Tel fut le fruit que nous receuillîmes de notre bonne foi et de la vérité !

» Assis tous deux sur un banc de pierre, dans la rue, la nuit, nous gémissions ensemble sur la chaîne d'événemens bizarres auxquels nous paraissions destinés, sans crimes, sans reproches réels à nous faire, lorsqu'une suite de réflexions vint me rassurer et me persuader même qu'il résulterait un avantage pour nous de cet accident. Je ne pouvais douter que l'Abbé n'eût été instruit de mon sexe par quelque récit. L'éclaircissement ne pouvait beaucoup tarder dans tous les cas. Ses dispositions à piller Mlle. Brunher, ne permettaient guère de penser qu'il s'occupa de faire rentrer Julie en grace : car alors elle eût hérité de sa tante reconciliée, nous devions donc nous attendre à des calomnies, à des noirceurs imprévues et nous eussions perdu par-là tout espoir de pardon d'un père près duquel on aurait avili Julie, tandis que le projet que nous formions d'aller

nous

nous jetter à ses pieds, nous donnait un moyen fondé de les prévenir.

» Nous nous arrêtâmes à cette idée. Je changeai mes habits, et le jour même nous prîmes la route du Tyrol, que nous eussions bien fait de ne pas quitter précédemment.

» Nous marchâmes péniblement pendant huit jours dans les montagnes Noires, au milieu des rochers et des sites sombres qui semblaient ajouter encore à notre tristesse et notre inquiétude. Le neuvième, nous approchâmes de Molsheim. Comme nous allions sortir du bois, (je n'oublierai jamais cette époque,) nous apperçûmes le village assemblé, le Dimanche, suivant l'usage, et la jeunesse s'exerçant à l'arquebuse. Au milieu du cercle était le vieux Baron de Molsheim. Il se faisait remarquer par sa haute stature, par des cheveux blancs tombant sur

Tome II.   C

ses épaules et sur-tout par un air de tristesse profondément empreint dans ses traits respectables. Il encourageait la jeunesse dans ces exercices d'adresse, où les Tyroliens ont toujours excellé; et serviteur fidèle de l'Empereur, trop cassé pour marcher encore dans cette guerre cruelle, il faisait de tous ses vassaux autant de remparts pour son pays, et de phénomenes de dextérité dans l'arme qu'ils ont adoptée.

» Placés derrière des arbres, nous découvrions, sans être vus, tout le lieu de la scène. Nous observâmes que le Baron tournait le dos aux filles du village, rassemblées à sa gauche. Un air d'aversion pour tout un sexe qu'il rejettait, semblait crier d'une voix terrible à sa fille : *tu m'as appris à le mépriser* !... Ce trait cruel n'échappa pas à la pauvre Julie, dont je vis

les yeux inondés de larmes. Mais
quelle fut sa douleur, en entendant
son père adresser ses paroles à un
vieillard, près duquel vint s'asseoir le
vainqueur couronné : « Heureux les
„ pères qui, comme toi, ont un fils
„ brave et sage ! Heureux les pères
„ qui n'ont point de filles , vils
„ instrumens du déshonneur et de
„ l'opprobre de notre vieillesse ! »
— « Calmez - vous , mon bon Sei-
„ gneur, reprenait le vieillard, Julie
„ était trop humaine , trop chari-
„ table pour avoir oublié la vertu ;
„ nous en répondrions tous , oui,
„ tous ! „ — Vaine consolation !
s'écria le Baron , s'élevant sur son
tertre comme un sapin lugubre dans
ses forêts. Un vent violent hérissait
ses cheveux blancs sur son front
sourcilleux. Jamais le sermon d'un
célibataire en soutane, valût-il cet

élan paternel , au milieu d'un orage !
Nous étions tremblans , consternés...
,, Le malheur me suit , s'écriait-il !
,, je ne puis arracher de mon cœur
,, déchiré l'image de ma fille : où
,, traîne-t-elle ses pas errans ? . . . .
,, Mais qu'elle fuye loin de la foudre
,, paternelle , disait - il en saisissant
,, l'arquebuse d'un Tyrolien ! si jamais
,, elle s'offrait à mes yeux.... ,, A ces
mots Julie se précipite hors de la
forêt... « Mon père, je mourrais innocente ! s'écrie-t-elle en courant à lui
et se prosternant sur la terre , malheureuse ! Elle a à peine prononcé
ces mots que la foudre est partie....
Julie est baignée dans son sang , le
Baron prêt à défaillir de douleur , le
village consterné : on environne Julie,
on la relève, on lui porte des secours.
La lutte la plus terrible de la tendresse paternelle et de l'antique

honneur se fait lire dans les traits
du Baron désespéré. Il s'avance, il
hésite, il recule enfin et quelques
vieillards l'entraînent, tandis que l'on
conduit sa fille à une ferme voisine.

Le tumulte de cette scène passée
au milieu d'une assemblée nombreuse
d'habitans, avait empêché qu'on m'eût
remarqué lorsque je m'étais élancé
dans la foule. Je suivis ce funèbre
cortège jusqu'à la maison où l'on
reçut cette fille malheureuse. Le chi-
rurgien de l'endroit, présent à la fête,
donna de promts secours. On sonda
la blessure. Le bras était fracassé ;
mais le reste du corps intact : on reprit
l'espérance, cependant l'inquiétude
la plus vive était fondée sur le délire
de Julie. Cet être singulier, élevé
au milieu des montagnes Noires, sans
culture, à-peu-près sauvage, renfermait le germe de toutes les vertus

et de toutes les passions qui les dé-
truisent. Elle avait adoré son père,
elle m'avait vu, dès-lors j'étais devenu
pour elle la vertu, l'univers entier. Elle
était naïve comme l'innocence même,
et sa conduite avait eu tous les écarts
de l'erreur. Bonne , sensible , elle
avait cependant montré dans la car-
rière militaire , le sang - froid du
courage qui ferme les yeux sur la
nature souffrante. Tous ces contrastes
étranges étaient le fruit d'une édu-
cation trop champêtre, où le cœur
en effervescence suit avec candeur
ses impressions. Revenue aux premiers
sentimens de la nature, la douleur
de Julie était inexprimable, et sa
pensée, parcourant comme un trait
sa vie passée , lui peignait sans cesse
la malédiction paternelle planant sur
sa tête.

» Je pris les vêtemens d'un jeune

Tyrolien pour pouvoir approcher, sans danger, de cette infortunée. Je dois vous répéter sans cesse, mon amie, qu'alors un tendre intérêt seul me dirigeait ; que l'habitude de ne voir en elle qu'un frère, qu'un ami malheureux, écartait toute impression d'amour ; mais j'en appelle à vous, le malheur commun, la pitié extrême n'enfantent-ils pas l'amitié et ses prodiges ?.... Et était-ce l'instant de l'abandonner ?

» Plusieurs jeunes Tyroliens des cantons voisins, ayant paru aux exercices passés, on trouva moins étonnant le séjour d'un inconnu à Molsheim ; mais Julie souffrante ne pouvait oublier celui qui en était la cause. Tout en gémissant sur la dureté de son père, sur la perte de son estime, elle m'appellait sans cesse. Confiante et naïve, elle avoua sa position au vieux Smith , fermier de l'habitation où elle était recueillie. Ce bon vieillard trembla à cet aveu. Néanmoins touché par la douleur de Julie , par l'espoir d'une réparation possible , il promit le secret. Il fit plus , il promit de donner tous les jours de mes nouvelles , et me plaça chez un fermier voisin.

» Établi dans cette solitude , au milieu des forêts , je venais à l'entrée de la nuit à la ferme de Smith, là , glissé parmi les valets de ferme, j'entendais parler de l'infortunée et de la douleur dé son père. J'appris que le Bailli de l'endroit avait déguisé cet événement sous la forme d'un accident survenu par la détente d'une arquebuse. Envain le Baron , dans son délire , s'accusait hautement, l'affaire était assoupie. Par-tout on le plaignait, et l'on ne s'occupait que de la guérison de sa fille.

» Je m'accoutumai bientôt aux travaux champêtres. Ces forêts sombres, ces torrens, ces sites sauvages, où l'industrie de l'homme jette adroitement quelques semences, ces récoltes rares, sur des coteaux à pic, et qui dans leurs ondulations orageuses, au - dessus des rochers semblaient peindre la chevelure hérissée de la nature irritée contre moi, tout contribuait à me jetter dans une mélancolie profonde ; tout me retraçait aussi le souvenir de mes parens infortunés. Là, la fougue de la jeunesse s'amortit ; là, le phantôme de la gloire s'abaissa devant le grand tableau de la nature et je retrouvai mon cœur, des souvenirs et dés larmes. Une amie mourante, une amante perdue, un père désolé, en était - ce assez pour me rendre à la sensibilité?

» Chaque jour, à l'issue des travaux, je me rendais chez Smith en profitant du voile de la nuit. Quel fut mon étonnement en entrant dans la cour, le quatrième jour, d'entrevoir une ombre semblable au Baron! Je crus m'abuser, je me glissai derrière les chariots et prêtai l'oreille avec attention. Le Baron errait dans la cour ; bientôt Smith vint à lui et poussa un cri d'effroi, en reconnaissant alors la personne qui l'avait demandé. « Du silence , par pitié! » lui dit le Baron d'une voix altérée, » laisse - moi voir ma fille un seul » instant par cette fenêtre.... » et il s'avançait en disant ces mots, vers un chassis, par lequel on appercevait la lumière dans la chambre où reposait Julie. « Arrêtez, lui dit avec force

» Smith, ne violez pas mon asyle,
» Julie n'est plus à vous.... son sang
» l'a rayé de la liste de vos enfans...
» voulez-vous qu'il coule encore?....
— Non; mais mes larmes éternelles,
dit avec étouffement le Baron, en
s'appuyant sur le vieillard. — « Vos
» larmes, Monseigneur! Eh! ne cou-
» laient-elles pas quand votre bras...»
Ce mot foudroya le Baron; il se tut,
soupira profondément et s'avança vers
la petite fenêtre.

» Je n'osais respirer...... il y passa
une heure entière, pendant laquelle
j'entendis ses sanglots. Enfin, il s'arracha à ce spectacle, en disant :
« adieu, ma fille; tu reposes du som-
» meil de l'innocence; et moi, qui
» me créai ton juge, je ne dors plus!»
Il s'éloigna; un vent violent se leva;
il partit seul, et je regagnai ma demeure, plus calme après cette scène

d'affection paternelle. Cependant l'orage croissait, les ténèbres fort sombres n'étaient coupées que par des éclairs rares : les vents déchaînés faisaient entendre au loin le fracas des branchages brisés, et roulant du haut des rochers. Je suivais un sentier qui m'était connu ; mais la ferme de Smith étant la plus isolée du canton, et c'est pour cela qu'on l'avait choisie ; le Baron en connaissait peu la route. Je marchai long-tems absorbé dans mes réflexions, lorsqu'à la jonction des deux sentiers je me rencontrai avec lui. Je frissonnai...« Hola ! Tyrolien ! avance, me dit-» il, où sommes - nous ? — Je suis perdu comme vous, Monseigneur, lui dis-je en allemand. — « Tu n'es » donc pas du pays ? — Je suis du Trentin. — « Donne-moi ton bras, je » tombe de lassitude. — En disant ces mots , il s'appuya sur moi et nous gravîmes sur une éminence , d'où nous apperçûmes à la lueur des éclairs, la direction qu'il devait prendre pour rejoindre le château.

» Je marchais avec une émotion extréme, répondant à ses questions brièves et souvent allarmantes. Je lui appris que je travaillais dans un métairie voisine, et sur sa route. Il parut goûter mes réponses, il me dit de me tenir le lendemain, à la nuit, sous des sapins, au pied d'une croix qu'il me montra, et où il me trouverait pour l'accompagner; car la route était longue, la fatigue très-forte pour son âge, et je remarquai d'ailleurs, que le Baron voulait qu'aucun de ses gens ne fut instruit de ses inquiétudes, et de ses démarches pour sa fille. Je m'applaudis de cette rencontre, de ce retour à la nature qui présageait le bonheur de

Julie ; mais d'un autre côté la sévé-
rité, la véhémence extraordinaire de
cet homme me donnaient de justes
allarmes pour l'avenir.

» Je me trouvai, le lendemain, sous
les sapins à l'endroit indiqué. le Baron
ne se fit pas attendre. il prit mon bras
sans dire un mot et nous nous en-
fonçâmes dans la forêt. Je le trouvai
oppressé, rêveur, il ne fit que soupirer
jusqu'à la ferme de Smith, où nous
arrivâmes fort tard. Il m'ordonna de
rester à l'entrée du bois. Au bout d'une
heure de station à la petite fenêtre, il
vint me rejoindre. Il prit encore mon
bras d'un air distrait. Mais plus calme.
« Elle a prononcé mon nom, disait-il en
lui-même, elle ne me hait pas... » et il
précipitait ses pas. — Votre fille est
mieux, me hazardai-je à lui dire ? —
Tu sais donc, s'écria-t-il en frémissant !... tu as vu l'accident... — L'ac-

cident, Monseigneur, repris-je avec douceur!... — « Dieu juste ! par-tout „ des juges et des remords, „ dit le Baron en me quittant, et s'enfonçant dans la forêt. Je courus sur ses pas, j'excusai sa douleur, j'y mêlai des consolations, et cette éloquence du sentiment qui électrise, persuade et attendrit.

» Le Baron s'assit, fondit en larmes et les versa dans mon sein. « Tu l'as „ vue seul, ma faiblesse ; la nature „ l'emporte sur l'antique honneur, „ Julie est pardonnée ; mais mon „ crime peut-il l'être ? La mort seule „ peut en éteindre le reproche. Ah ! „ que n'est-il sous mes yeux le lâche „ séducteur qui a flétri ma famille ! „ que ne vient-il dans un combat que „ je désire m'arracher le jour et „ l'horreur de mes remords ! — Je le „ connais Monseigneur, et il n'est

,, pas coupable. — Tu le connais ! ,,
s'écria-t-il en se levant, et soudain ses
cheveux semblèrent hérissés ; ce vieillard affaissé parut le géant de l'orgueil
et de la vengeance. » Tu le connais ?
— Je l'ai servi, repris-je avec douceur.
« Le monstre ! il a ravi ma fille.
« — Elle l'a suivi malgré lui - même,
» et ses conseils; la passion l'aveuglait.
,, — Il a abusé de sa simplicité, de sa
,, candeur.... — Elle est encore l'in-
,, nocence même. — Tu oses excuser
,, le plus vil des hommes ? — Il ne
,, l'est point. Pouvait-il devenir, près
,, de vous, le dénonciateur de celle
,, qui se livrait à lui ? Et que pou-
,, vait imaginer la délicatesse de cet
,, homme, si ce n'est des conseils
,, sages, le soin de son innocence,
,, et le désir de la ramener à vos
,, pieds. Du reste, brave Polonais,
,, il fut incapable de manquer à

,, l'honneur , comme d'éviter votre
,, vengeance quelque injuste qu'elle
,, soit.... — Tu le connais ! reprenait
,, sans cesse le Baron ; peux-tu me
,, conduire vers lui ? — Oui , Mon-
,, seigneur. — Dès demain ? — Oui ,
,, Monseigneur. — Je compte sur toi ;
,, demain sous les sapins , à la pointe
,, du jour. ,,

» L'on juge quelle nuit jé passai
dans ma chaumière , quelle attente
cruelle ! les suites d'un combat m'allarmaient peu ; mais un vieillard
débile et affligé , marchant à une mort
presque certaine , pour se venger
d'un crime imaginaire ; la crainte de
frapper mon amie par l'endroit le
plus sensible ; tout détermina le projet
auquel je m'arrêtai , et à l'exécution
duquel je donnai une partie de la nuit.

» Le jour paraissait à peine , que
le Baron se montra dans les champs ,

suivi d'un seul domestique qui conduisait un cheval de main. Il s'avança
vers moi; je le précédai dans la forét
et m'acheminais à une plage de genets.
Là, il mit pied-à-terre, arma ses pisto-
lets et vint droit à moi. — Où est ton
maître, me cria-t-il avec fierté? —
Bien près de vous, lui dis-je avec douceur. — Il vient me braver?... — Non,
il vient se défendre. — Que tarde-t-il?
Quelles sont ses armes?...... — Ses
armes, Monseigneur! ses armes!....
les voilà! votre cœur paternel et notre
innocence, m'écriai-je avec feu en
me jettant à ses pieds, ainsi que
Julie, sortant du bois, le bras en
écharpe et soutenùe par le vieux
Smith qui fondait en larmes. La surprise, l'estime que le Baron avait
conçue pour moi, sur-tout le tableau
de Julie blessée par un trait paternel,
pâle, défaillante, suppliante; tous les

chocs de la nature, de l'honneur sa-
tisfait, assiègent à-la-fois l'ame du
Baron, qui laisse tomber ses armes
avec ses pleurs, et laisse enfin évanouir le phantôme des préjugés devant
les douces impulsions de la nature.

» Vous sentez, mon amie, ce que
dût exiger le Baron en pardonnant
et en apprenant mon rang et ma
naissance. Quelque volontaire qu'eût
été la démarche de sa fille, j'en avais
été l'objet et la réparation devait être
publique. Vous voyez, en ce moment,
le château de Molsheim, où notre
hymen fut projetté et où nous fûmes
conduits le même soir. Voilà, mon
amie, tout ce qui s'est passé depuis
notre séparation. »

A ces mots, nous entrâmes Ernest
et moi dans les cours du château.

Suffoquée par cet aveu d'Ernest, auquel néanmoins j'avais lieu de m'attendre, j'eus à peine le courage de me soutenir. Revenue un peu à moi, je voulus m'éloigner à l'instant. J'y employais les derniers élans de ma raison et de mes forces épuisées, lorsque le Baron parut avec sa fille, et s'empressa de venir m'accueillir.

J'étais pâle, affaisée ; un mélange d'embarras et d'aversion pour Julie, l'idée des épreuves que j'avais subies et dont l'humiliation n'était pas inférieure à la sienne, tout contribua à me jetter dans cette perplexité, cette absence d'esprit où l'on dispose de nous, sans qu'on ait la force de s'y opposer. On me conduisit dans un appartement du château proprement, mais assez rustiquement meublé. « M'étant éloigné en chassant, dit ,, Ernest au Baron, j'ai rencontré

„ une voiture de voyage renversée
„ dans les rochers ; Madame était
„ évanouie, et je me suis empressé
„ de lui porter des secours. J'ai pensé
„ que vous ne désapprouveriez point
„ l'hospitalité que je lui ai offerte à
„ titre de compatriote, de Polonais
„ malheureux, et du premier qui se
„ soit présenté pour la dégager. „

» Le Baron loua les soins d'Ernest ; mais je remarquai que Julie
gardait un profond silence, en m'observant attentivement. Il régnait dans
tout l'extérieur de cette étrange fille,
un air cavalier, des manières brus-
ques, naïves, résultat de sa vie militaire et qui contrastaient singulière-
ment avec la douceur de ses traits
et la candeur qu'exprimait sa figure.
Un air d'intérêt s'y peignait quand
elle fixait ses yeux sur moi ; mais
quand elle les portait de-là sur Er-

nest, son regard changeait d'expression, devenait dur, presque menaçant, et exprimait tous les transports de la jalousie.

Je ne cacherai point que la vue d'Ernest venait de rallumer dans mon cœur, tous les sentimens que j'avais éprouvés et que la chaîne de mes malheurs n'avait pu affaiblir ; mais l'idée de ce mariage, l'aveu d'une rivale, l'idée des épreuves que j'avais subies, épreuves faites pour éloigner à jamais mon ami, un retour sur moi-même, un regard sur ce qui m'entourait, tout me détermina à la dissimulation et à un prompt départ.

Je ne pouvais me dispenser néanmoins de donner quelques jours à mes bienfaiteurs. Le Baron me comblait d'attentions. Je crus remarquer dans celles d'Ernest plus que des égards ; mais nous devant à tous deux

de fuir une explication , dans la position où nous nous trouvions , il ne
lui échappa rien qui pût donner des
allarmes à son épouse jusqu'au quatrième jour , où j'en fus la cause
innocente.

Je me promenais sur le donjon ,
au crépuscule. Je m'arrêtai à un des
crénaux de cette antique mazure, les
yeux fixés sur un Ciel étoilé et pur.
Là, je me livrais à ma mélancolie ,
suite de tant de souvenirs affligeans
et si peu mérités. « J'ai perdu mon
» fils, me disait une voix intérieure
» et déchirante ; j'ai perdu inno-
» cemment ce voile de la décence,
» prestige des amans , et qui ne se
» retrouve plus ; j'ai perdu Ernest ! »
Ces trois idées subites , réunies et
accablantes, me jettaient dans une
espèce de désespoir calme dont les
suites pouvaient être funestes. Avan-

cée sur le bord du créneau , je me précipitais en idée dans l'abîme des eaux qui baignaient le pied de cette antique tour. Ce miroir tranquille me peignait une infortunée prête à se jetter dans l'espace des airs pour fuir une terre de douleurs ; elle ne tenait plus que par un point au donjon , sa robe flottait dans le vuide ;..... elle s'élançait...... Malheureuse ! Un suicide ! que dis-je ! Se tue-t-on jamais soi-même ? La douleur extrême qui nous poignarde , est-elle nous ?.... La force supérieure qui nous précipite, n'est - elle pas un bras divin qui nous attire à lui ?..... Notre volonté n'est - elle pas son ordre ? et celui qui ordonne peut - il reprocher l'obéissance ?

Je tombais ainsi dans l'abîme, sans projet, sans dessein prémédité, par la seule impulsion de mes chagrins,

grins, et j'eusse passé au sommeil du néant, sans l'avoir prévu, quand un bras me saisit, m'arrête ; je reconnais à peine Ernest qui profère ce seul mot : *mon amie* ! Titre si doux quand on est heureuse, et si cruel quand on le croit l'effet de la pitié !
« Votre amie, m'écriai - je égarée,
» vous n'en devez avoir qu'une ;
» qu'elle soit heureuse, et moi......»
A ces mots, je fis encore involontairement un mouvement vers le gouffre. Ernest s'efforça de me calmer ; ma douleur était néanmoins tranquille ; Mes larmes coulaient avec abondance sans que ma voix en fut altérée et mon être semblait se décomposer sans effort par l'absence irréparable d'une moitié de moi-même. J'essayai cependant de vaincre ma douleur, et je pris la fermeté nécessaire pour rompre, par un récit fidèle, la chaîne

Tome II. D

d'intérêt qui pouvait me lier à Ernest.
« Ce récit que je ferais, étant heureuse
» pour conserver votre estime, je le
» ferai pour fortifier votre indiffé-
» rence, » lui dis-je avec bonne-foi.
Nous nous assîmes, et je lui exposai
naïvement la suite d'événemens bizarres dont j'avais été le jouet. J'eus
la satisfaction d'entendre, lorsque j'en
fus à son départ des Eaux de Tor-
nisk, l'expression de ses regrets qu'on
m'avait dissimulés ; mais rien ne peut
égaler sa fureur, lorsqu'il entendit le
récit des atrocités du Baron d'Olnitz,
ma captivité chez l'infame Talbot le
fit frissonner, verser des pleurs tour
à-tour, et le résultat de mon histoire fut, de sa part, un accent
pénétré, un intérêt touchant, loin
de l'effroi et de l'aversion que j'en
attendais.

Nous étions plongés tous deux dans

un silence profond, fruit de son étonnement et de ma confusion. Ernest tenait une de mes mains sur laquelle il laissait tomber quelques larmes ; quand tout-à-coup il la retire avec effroi, en s'écriant : « j'apperçois Julie ! „ elle revient de la chasse. Notre „ amitié même doit être prudente, „ me dit-il ; l'hymen en éclairant „ Julie sur ses droits, l'a rendue terrible. Cet enfant de la nature serait „ énergique dans sa jalousie, comme „ dans son affection. Prévenons ses „ soupçons, il en coûtera peu à l'innocence. „ Comme il achevait ces mots, j'apperçus Julie assise au clair de la lune, sur le bord du canal, ou fossé du château, son visage caché dans ses mains et dans une attitude douloureuse. L'ombre prolongée de la tour se dessinait sur les eaux jusqu'à ses pieds, celle de son époux et la

mienne se retraçaient sous ses yeux
même.... Je prêtais l'oreille, troublée,
car il me sembla que Julie parlait à nos
ombres avec action. « Encore en-
,, semble, toujours ensemble, disait-
,, elle avec un accent égaré et sen-
,, sible ; cette femme m'en impose....
,, cruelle étrangère !.... quel mal tu
,, me fais !..... » ajoutait-elle, en enfonçant sa lance de chasse dans mon
image tracée sur les eaux..... « Sens-tu
,, le poignard qui me déchire !.. et je
,, ne suis pas une vaine ombre !... »
Ces mots faiblement entendus me sai-
sirent ; cet amour-véhément et naïf,
soutenu par des droits sacrés, m'interdit, m'ôta même toute lueur de
sensibilité pour Ernest. Confondue,
attendrie, je descendis du donjon
sans proférer un mot, et sans m'appercevoir que j'étais suivie par mon
ami.

Julie ne parut point le soir dans le sallon, ni au souper; elle resta dans son appartement, où nous l'entendîmes chanter avec plus de feu encore cette Romance Tyrolienne qu'elle répétait souvent dans sa solitude.

ROMANCE.

La Jalousie.

Enfant des bois et des montagnes
Je suis sans art :
Ce cri d'amour, ô mes compagnes!
De mon cœur part;
Epargnez une infortunée
Aux transports jaloux condamnée.
La constance est le vrai bonheur;
Souvent votre amitié l'égale.....
Mais si j'avais une rivale,
Ah! je lui percerais le cœur!

D 3

Si mon ami sur la verdure

Est près de nous :

Dans nos plaisirs, dans la nature

Tout est si doux !

Ne cherchez point à le distraire,

Un seul regard me désespère :

Sa constance est tout mon bonheur,

Souvent votre amitié l'égale. . . . .

Mais si j'avais une rivale,

Ah! je lui percerais le cœur !

Est-il vrai qu'on change à la ville

Sans s'allarmer ?

Ce n'est qu'en ce sauvage asyle

Qu'on peut aimer !

Cachons-y l'objet que j'adore,

Hélas! on l'y voit trop encore !

Jalouse d'un rien, d'une fleur,

D'un mot, du souffle qu'il exhale,

Par-tout je crains une rivale,

Et je lui percerais le cœur.

Ernest fut extrêmement troublé du sens de ces paroles et de l'expression quelle y mit; mais il dissimula pour m'éviter des chagrins, la soirée fut triste, sombre, et chacun se retira de bonne heure. Je rêvai long-tems aux scènes que j'avais éprouvées dans cette journée, à tant d'impressions, d'abandon et de contrainte, de joye et de douleur. Je m'endormis enfin profondément, et crus dans mon songe être frappée d'un trait de lumière, mes yeux vacillaient, je croyais entendre la voix d'un ange. Cette illusion cesse enfin, j'ouvre les paupières et j'apperçois.... Julie, une lampe à la main, vêtue de blanc, les cheveux épars, les yeux égarés et me regardant avec attention. « Je » vous observe depuis long - tems, » Madame, me dit-elle, vous avez » la beauté, l'esprit, je n'ai que de

,, l'amour et des larmes depuis que
,, vous êtes ici....... Oh oui ! elle
,, est trop dangéreuse pour lui, »
se dit - elle a elle - même, « Ernest
,, vous à parlé , c'en est assez ; je
,, vous déteste ! je vous abhore !
,, il faut partir à l'instant....... »
Étonnée, confondue , je me souléve
avec peine et dans un désordre involontaire....... « Qu'elle est belle ,
s'écria - t - elle avec plus de force ,
en m'arrachant le voile dont je m'en-
tourrais , « que je la hais !..... oh !
,, partez , partez ;..... qu'il ne vous
,, voie plus !....... et moi aussi je
,, fus belle !.... Ce teint flétri , ces
,, blessures qui me déparent , ce
,, fut pour lui , pour lui servir d'é-
,, gide !...... Mes sacrifices seraient-
,, ils un crime ?..... et l'amour ex-
,, trême , n'est - il donc pas une
,, beauté ? »

A ces mots elle éclate en pleurs, laisse tomber sa lampe, et nous nous trouvons dans une obscurité profonde: moi, consternée, tremblante près de cet enfant naïf et terrible dans sa jalousie ; Julie assise sur mon fauteuil, me tenant fortement les mains, et dans un état convulsif qui me faisait frémir. J'essaye enfin de me dégager, et m'habillant, de calmer son esprit par le langage de l'amitié, de la confiance, j'y réussissais peut-être, elle paraissait s'adoucir, quand tout-à-coup elle se lève avec feu en s'écriant : « Elle m'attendrirait moi-» même! moi qui la hais à la fureur, » et si Ernest l'écoutait...... oh! par-» tez à l'instant, qu'il ne vous voie » plus, ne vous entende plus ; j'ai » fait préparer votre voiture, descen-» dons sans bruit..... » Aussi-tôt elle m'entraîne à demi-vêtue, et avec une force surprenante. Nous descendons dans les cours ; je vois une voiture préparée ; un silence profond régnait parmi les gens , aucune clarté ne me faisait reconnaître ceux qui m'entouraient. Je ne pus me défendre d'un mouvement d'effroi. Tantôt j'imaginais que , dans son accès de fureur , on m'entraînait au milieu de ces forêts pour m'y poignarder ; tantôt croyant m'égarer dans un songe si pénible , je doutais encore de ma situation.

Enfin je crus reconnaître mon valet qui me parlait à voix basse , ce son me rendit le courage. Je jettai un regard sur ce donjon funeste , sur la fenêtre d'Ernest qui sommeillait sans doute , quand deux êtres malheureux veillaient si cruellement pour lui. Je m'élançai dans la voiture et m'éloignai confondue , troublée

et pénétrée malgré moi d'une tendre
admiration pour mon infortunée rivale. « Elle a raison, me disais-je,
» c'est dans un désert qu'il faut gar-
» der l'objet qu'on aime : cette tendre
» inspiration de l'égoïsme amoureux,
» est le cri de la nature, et cet enfant
» naïf en est l'organe. A quoi sert
» d'ailleurs la constance du devoir?
» Qu'à de flatteur pour l'objet aimé,
» un esprit fidèle, mais préoccupé?
» Que produit la société, la vue de
» tant d'êtres qui peuvent flatter nos
» sens? Oui, l'affluence des désirs
» est un tourbillon de pensées ravies
» à leur légitime possesseur. Amour!
» amour! Dieu des prodiges! tu fais
» de la solitude, l'Univers, l'Elisée
» des amans ; et de leur égoïsme
» même, ce fléau des mortels, un
» titre pour eux au bonheur et à l'es-
» time. » Absorbée dans mes pensées,

mes souvenirs et mes regrets, je m'é-
loignai bientôt sans m'être informée
quelle direction prenait ma voiture.

Un faible crépuscule soulevait le
voile des ténèbres, le chant de quelques oiseaux assoupis, annonçait l'aube
d'un nouveau jour de chagrins pour
moi, et la nature couverte des pleurs
de la rosée, semblait partager ceux
de ma douleur. Je m'arrêtai au milieu des bois, je questionnai mon
guide, nous étions sur le chemin de
Brixen, je pouvais de-là gagner le
Haut - Tyrol, le Trentin et l'Italie.
Cette position me décida. « J'irai
,, oublier dans l'asyle des arts, me
,, disais - je, tant de chagrins; de
,, contrariétés funestes. La musique,
,, ce nectar de l'ame, ce consolateur
,, magique de tous ses maux, char-
,, mera ma peine, et dans le sein
,, d'une douce médiocrité, riche de

,, quelques souvenirs, de mon espé-
,, rance, je coulerai des jours tran-
,, quilles. » Mais bientôt l'idée de
mon fils perdu, venait m'assaillir avec
un saisissement cruel, cette pensée
empoisonnait mon air, tout s'écri-
vait en noir dans l'avenir, et je re-
tombais dans le plus profond acca-
blement.

Je supprime le détail d'une route
assez pénible jusqu'à Trente. L'unifor-
mité de mes plaintes, de mes chagrins,
ne pourrait intéresser long-tems. Je
jettai un regard sur cette ville, siège
d'un concile fameux. Mon imagination
se porta naturellement sur les erreurs
et les crimes des fanatiques; cause funeste d'une grande partie des maux
des mortels. Je vis d'un coup-d'œil les
foudres papales, les schismes, les
guerres civiles, vomis d'un séjour
obscur sur une terre heureuse : tous

ces hochets supersticieux versant sur les générations futures, des poisons, la discorde, tous les fléaux réunis, et je m'éloignai avec dédain de ces contrées.

Je vis Mantoue, ses palais, ses tableaux assez nombreux; je souris aux danses naïves des bergers, m'attendris au tombeau de Virgile, et partis pour Bologne. J'y parcourais les chef-d'œuvres de peinture des Carrache, lorsque m'arrêtant à un tableau de visitation très-frais, je fus frappée de la figure de l'Enfant-Dieu; sa ressemblance avec Edvinski était telle, que je poussai un cri et fondis en larmes. Les spectateurs me prirent pour une insensée; mais toute à ma curiosité, à ma douleur, je parcourais d'un regard maternel cet être divin; je ne pouvais m'arracher de cette vue si chère et si cruelle!

Le tableau quoique de la plus grande beauté paraissait moderne ; je me hâtai de m'imformer près du gardien, du nom du Peintre. Cet homme qui pensait qu'une simple curiosité d'artiste me conduisait dans mes questions, mit une docte lenteur à parcourir les noms des écoles, pour en venir à celle d'où sortait l'auteur du sujet. Il m'apprit enfin, qu'il se nommait *Paolo Guardia*. Je demandai son adresse avec feu. « Il est impos-» sible, me disais - je, en fixant » l'Enfant - Dieu, oui, il est impos-» sible que ce ne soit pas mon fils. » Elle est folle, *e stulta !* dit froidement le gardien. Oui, j'irai, repris-je, je le découvrirai fut - il aux Enfers, et je l'arracherai à ses ravisseurs...... « Le Christ, en Enfer, *Al inferno !*,, s'écria le gardien en m'observant. Je vis l'instant où mes propos décousus, mes élans de joye allaient faire imaginer que je me donnais pour la mère du Christ. Je sortis et volai chez Paolo Guardia.

J'eus beaucoup de peine à découvrir sa maison dans une rue retirée, sur les bords du Réno. Je fus introduite au rez - de - chaussée par une vielle femme, aux cheveux blancs, à la figure caractérisée, et qui m'observa avec attention de la tête aux pieds ; elle me fit passer dans une salle basse, remplie de bustes antiques et garnie d'une estrade, ou vaste marche-pied pour les modèles. A peine y eus-je été assise un quart-d'heure en attendant le Peintre, que plusieurs élèves, arrivent étourdiment, et s'écriant : " qu'elle est belle, ,, se mettent en devoir de me deshabiller. Je vis aussi - tôt la méprise, je reconnus que c'était l'heure du modèle, et me défendant avec énergie, avec ce ton de la vertu qui en impose, je fis tomber à mes pieds cet essaim de jeunes artistes, qui s'étaient joués d'abord de ma décence.

Le respect et la déférence succédèrent à cette boutade, et je fus conduite avec tous les égards qui m'étaient dus dans le cabinet de Paolo Guardia. Il me reçut dans une douce obscurité, m'observa par dégrés, puis ouvrant la jalousie, aussi-tôt que la porte fut refermée et que je me fus assise, il jetta un cri de surprise, tira vivement un portrait de sa poche et dit froidement, à présent je l'ai trouvée. *adesso l'ho trovata!* Je ne compris rien d'abord à cette exclamation; mais le sens m'en fut bientôt connu, lorsque je vis son cabinet, rempli de sujets, tous représentant mon fils sous diverses formes.

saisie, je supposai à cette vue, que
le Peintre était un agent de celui
qui m'avait ravi Edvinski, et que
c'était - là un des moyens de me re-
trouver ; on savait que je peignais.
J'imaginai qu'en peuplant ainsi les
principales villes de ces tableaux ;
on avait pensé que je serais frappée
tôt - ou - tard de cette ressemblance
dans mes recherches comme ama-
teur, et que je volerais vers l'artiste,
qui seul pourrait ainsi me découvrir.
Je ne tardai pas à m'appercevoir que
mes conjectures étaient justes ; car
je vis sur le chevalet le portrait du
Baron d'Olnitz, représenté en Saturne
et dévorant un enfant sous les traits
d'Edvinski. Je frissonnai de tout mon
corps, et connus alors le véritable
ravisseur.

Cette vue me consterna, me donna
toute la chaleur d'une mère alarmée.

« Où est mon fils, m'écriai-je avec
» transport! — Votre fils, Madame,
» n'est plus en mon pouvoir, reprit
» le Peintre. » Ce mot me terrassa;
je n'y crus point cependant, j'in-
sistai, je poussai des cris lamentables, tout fut inutile. Cet homme
abominable, insensible aux accens
maternels, cet artiste indigne de ce
nom, m'éconduisit avec ironie et dureté! Aucune force humaine n'eût
pu m'arracher de chez lui, si je
n'avais eu l'idée d'aller sur-le-champ
me jetter aux pieds des juges de Bologne.

Je m'adressai à un homme probe,
éclairé, bon père, humain, délicat,
et je trouvai d'avance en lui des espérances fondées pour obtenir un dépôt
si cher. Il me dicta toutes les démarches que j'avais à faire. D'après
les lenteurs qu'apportait Paolo Guar-

dia, je ne doutai point qu'il n'eût écrit à son infame protecteur. C'était un motif pour moi d'accélérer mes pour-suites. Le Peintre ne pouvait plus nier qu'il eût chez lui un enfant pour modèle; mais certain que j'a-vais laissé mes papiers en Pologne, que je n'avais aucune preuve maté-rielle, il se bornait à nier que ce fut mon fils.

Enfin il fut obligé après mille dé-tours de consentir à une confronta-tion. Alors je repris mon courage, et me crus sûre du gain de mon procès. On sent si je pus fermer l'œil jusqu'au jour d'un jugement si intéressant pour moi. L'audience était nombreuse, une cause si célèbre, une décision aussi délicate avaient attiré tout Bologne à cette scène. Après plusieurs discours stériles, on annonça qu'on allait introduire l'enfant. Comme mon cœur battit avec violence! comme je m'élançai au devant de cet être si cher!..... Grand Dieu! quel est mon étonnement! son sourire ingénu semble m'appeller sa mère, et sa bouche prononce ces mots terribles : *je ne vous connais pas, Madame.*

Je l'avoue, voilà le coup le plus affreux que j'ai senti en ma vie. Cent poignards croisés et agités au fond de mon cœur eussent été moins sensibles. « *Tu ne me connais pas, Edvinski!* » m'écriai-je désespérée. Ils auront » troublé sa raison.... Tu ne connais » pas ta mère infortunée? ,, Et je le serrais, je le brûlais de mon sein maternel, en l'arrosant de mes larmes.... Mais il est impossible de décrire ce que je souffris, lorsque après cet essai funeste, on voulut éloigner subitement l'enfant de moi, sans explication ulté-

rieure. Le Ciel m'inspira toup-à-coup;
je fis un cri d'énergie et de douleur
qui ébranla les voûtes et les cœurs
endurcis. « Qu'on éloigne le Peintre
„ m'écriai-je! ils auront effrayé mon
„ fils ; je connais son amour, ce
„ motif seul peut l'avoir retenu. „

On souscrit à ma demande ; on fait
sortir Paolo Guardia. Le Peintre lance
un regard terrible et menaçant à Edvinski : l'enfant l'observait du coin
de l'œil, marchant au milieu des
Sbires. A peine Paolo a-t-il passé le
seuil qu'il s'élance dans mes bras en
s'écriant ! « O ma mère ! il m'avait
„ menacé de t'assassiner, si je parlais
„ qu'on le garde bien ! „ et soudain
il détaille toutes les précautions dont
on avait enveloppé sa mystérieuse solitude et son enlèvement. Semblable
à l'enfant divin au milieu des doc-
teurs, cet être intéressant expose na-

vement les faits dont il a été témoin. Les pleurs coulèrent de tous les yeux, à son récit : enfin il demanda à en confier une partie importante, qui concernait Paolo Guardia, au premier juge ; et nous passâmes dans son cabinet au milieu des acclamations et des bénédictions universelles du public attendri.

« Quand j'eus resté un jour dans ta chambre à Bude, me dit mon fils, sans te voir revenir ; je tombai dans le désespoir, je poussai des cris lamentables ; mais personne n'entendit le pauvre Edvinski. La maison était déserte, la porte fermée et j'étais placé dans la troisième pièce avec une seule fenêtre haute, à laquelle je ne pouvais atteindre. Cette fenêtre donnait sur une petite cour où il ne passait personne. Tout se réunissait pour m'accabler et me laisser périr de douleur et de faim. Le troisième jour je n'avais rien mangé ; une faible espérance de te revoir, me soutenait encore : je jettai les yeux autour de moi pour trouver quelques alimens. Pas le moindre vestige ne s'offrait ; pas même un fragment de pain ou de riz. Je tombai d'inanition étendu par terre, sans force et prêt à perdre connaissance.

» Je crus, dans cet état, entendre faiblement qu'on frappait bien loin à la première porte. Je voulus faire un effort pour me relever et aller ouvrir, je retombai plus faible qu'auparavant. On frappe de nouveau, même essai inutile ; je retombai presque expirant. Oh ! combien je souffrais de sentir que j'allais mourir quand mon esprit te peignait frappant à la porte, sans pouvoir aller jusqu'à toi ; car pour mon plus grand malheur,

heur, je croyais que c'était ma mère.
Je passai encore la moitié de ce jour
entre la vie et la mort, quand le dernier effort de la nature m'anime, me
donne une espèce de rage. Assis par
terre, je saisis la table, y attache
mes dents avec frénésie; je la tire à
moi, et fais tomber une grande lampe
pleine d'huile. Aussi-tôt mes lèvres
se collent avec avidité sur cette table
pour saisir le liquide; je l'aspire
avec force; il est pour moi le mets
le plus cher. Je m'inonde alors
d'un breuvage qui pour un instant
de vie, me plonge bientôt dans une
langueur et un vomissement, dernier effort de mon estomach anéanti:
je mourrais........ j'étais mort; car
j'ignore ce qui s'est passé jusqu'au
moment où je me suis retrouvé
sur ton lit, entouré des gens de la
maison. On m'a rétabli par dégrés,

avec des cordiaux. Mon esprit était encore égaré; mais ma faiblesse ne m'a pas empêché de reconnaître bientôt plusieurs des personnes qui me soignaient et sur-tout mon Maître d'écriture de Ust, digne frère de Paolo Guardia, et agent du Baron. Cette vue a failli me replonger dans mon premier état. J'ai senti qu'on avait suivi nos pas depuis Bude, et que nos malheurs allaient recommencer. Mon Maître est sorti quelques instans et s'est tenu dans la pièce précédente, jusqu'à ce que j'eusse repris la parole. J'ai remarqué alors qu'il parlait au propriétaire de la maison d'un air d'autorité, qu'il payait sans compter, et que tout le monde est sorti par son ordre. Il est resté plusieurs heures avec moi, en essayant de me faire prendre quelque nourriture; il n'y a réussi qu'en m'assurant que j'allais te rejoindre. Cette idée seule m'a rendu à la vie.

» Quand il m'a vu parfaitement rétabli, il m'a annoncé qu'il allait me conduire à ma mère. J'ai voulu le questionner sur ton absence, il a ajouté que tu étais malade, et qu'il n'y avait pas de tems à perdre. Le cruel homme me frappait ainsi par l'endroit le plus sensible et je me suis élancé moi-même dans la voiture qui est partie comme un trait. J'espèrais qu'elle s'arrêterait dans quelque rue voisine, quel a été mon étonnement de me trouver en rase campagne! J'ai voulu pousser des cris, mon conducteur m'a dit avec calme, que nous serions bientôt arrivés à la maison de plaisance où tu étais. L'imposteur! la voiture n'a fait qu'une traite jusqu'à Clagenfurth. Là, nous avons changé de chevaux hors la ville, et pendant tout ce tems mon Maître d'écriture a tenu son mouchoir sur ma bouche. Quelqu'un a ouvert la portière, en entendant un cri sourd. « *Ce n'est rien, cet enfant » a une légère hémoragie,* » a répondu le maître en m'étouffant de son mouchoir, et la voiture est repartie de nouveau. Mêmes soins, même course précipitée jusqu'à Bologne, où je suis descendu et où j'ai été conduit mystérieusement chez le Peintre, frère de mon Maître d'écriture. J'ai été reçu avec des précautions extrêmes, des soins physiques extraordinaire ; mais ma mère !......... mais l'esclavage !....... J'ai remarqué que mon guide a donné une lettre à son frère en descendant, et que dès le lendemain, on a commencé à me peindre et à me mettre au régime. J'ai eu le bonheur de sous-

traire cette lettre, puisse-t-elle vous
éclairer ! »

Nous lûmes avec avidité ces mots
du Baron d'Olnitz ; car je reconnus
son écriture :

« Je vous envoye cet enfant dont
» nous avons parlé et que j'avais
» perdu de vue. Mes émissaires ont
» enfin découvert l'asyle de sa mère
» qui m'est si précieuse ! Mais elle
» était absente depuis deux jours ,
» et on ne sait ce quelle est deve-
» nue. Ce contre-tems me jette dans
» les plus mortelles inquiétudes. Une
» telle perte serait irréparable pour les
» arts. Le plus beau modèle, le sang
» le plus pur, les effets déjà certains
» de l'*haleine condensée* et du *ré-*
» *gime exaltant*, tout contribuait à
» assurer le succès des plus belles
» expériences qui se soient jamais
» faites. L'amour et les arts me

E 3

» font attacher ma destinée à re-
» trouver cette femme unique. Entre
» mille expédiens que j'ai mis en
» usage pour connaître sa retraite,
» soit en annonçant dans les papiers
» un héritage à recouvrer ou des in-
» dices sur l'asyle de son enfant ;
» en voici un dont je vous charge
» et dont je pairai amplement l'exé-
» cution. Choisissez un grand nombre
» de sujets d'histoire peu composés,
» où vous ferez figurer le portrait
» d'Edvinski, sous les formes d'un
» amour, d'un silphe, d'un ange...
» car ses traits divins seuls bien ren-
» dus, peuvent faire la réputation
» d'un Peintre. Cette figure dissé-
» minée ainsi par moi, dans un grand
» nombre de villes, doit frapper non-
» seulement les connaisseurs ; mais
» tous les yeux, et sur - tout une
» mère. Je suis sûr qu'elle volera aux

» pieds de l'artiste dès qu'elle en con-
» naîtra le nom. C'est à vous alors
» à m'expédier un courier rapide-
» ment, pour que je m'assure à ja-
» mais la possession d'une femme,
» si rare sous tous les rapports. »

« Commencez à l'instant vos ta-
» bleaux. Dessinez la composition,
» chargez - vous de la figure de
» l'enfant et laissez les accessoires
» à d'autres artistes pour accélérer
» l'ouvrage. »

« On me conduisit au chevalet dès
la pointe du jour. On me comblait de
soins, d'attentions. Jamais coucher
plus voluptueux, d'appartement plus
orné n'avaient frappé mes regards.
Tout respirait chez Paolo le luxe
et la molesse; mais mes yeux rem-
plis de larmes quand je prononçais
ton nom, ma pâleur, impatientaient

Paolo. Il m'abusa long-tems en m'assurant que ces portraits étaient pour toi, qu'éloignée forcément par des affaires majeures, tu avais besoin de consolation. Cette seule pensée me faisait céder sans effort, et je fus le premier à me prêter à l'avancement de ces ouvrages. Il en expédia en peu de tems plusieurs pour l'Allemagne, l'Italie et l'Angleterre; mais je remarquai qu'il n'en fit passer aucun en Pologne; ce qui me confirma dans l'opinion de sa sincérité; car je pensais bien que tu ne pouvais être dans ta patrie.

» Je m'apperçus bientôt qu'on me mettait à un régime extraordinaire; on me baignait chaque matin, on retranchait de ma nourriture imperceptiblement. Paolo me comblait de caresses; mais quelle différence avec celles de ma mère! je frissonnais dès

que cet homme s'approchait de moi.
Dans ses élans d'enthousiasme, en
contemplant ses tableaux, il me sai-
sissait, me posait avec violence, puis
me jettait de côté, et souvent à me
briser la tête. Il reprenait ensuite ses
crayons et revenait à moi avec un
sourire caressant et des manières
affables. Je ne concevais rien à ces
traitemens si opposés. Je remarquai
seulement un jour, qu'un des Pages
du Cardinal-Légat apporta un billet
à Paolo, et que par suite on redou-
bla de soins, et qu'on accéléra le
régime. Le Peintre était dans son
délire, il serra le billet dans son
sein, comme il faisait avec soin de
tous les autres ; mais dans son désordre, en arrachant sa cravatte dans
un accès de génie il fit tomber le
billet qui glissa derrière le chevalet.
J'eus soin de le ramasser...... Voyez

ce qu'il peut vous apprendre, car (nous dit-il en rougissant,) j'ai la honte, attendu mes malheurs et ton absence, de ne savoir pas lire. »

Le Juge ouvrit le billet du Cardinal, et y lut ces horreurs :

« Je suis content de vos derniers
,, services. Vous toucherez, mon
,, cher Paolo, deux cents sequins
,, chez le Banquier Crusca. J'ai ap-
,, pris que vous aviez pour modèle,
,, un jeune enfant Polonais, d'une
,, beauté extraordinaire, orphelin
,, et sans ressources : mon intention
,, est de l'attacher à la musique du
,, petit Conservatoire pour les pre-
,, miers dessus. Il a neuf ans, le tems
,, presse pour le faire opérer. Je vous
,, enverrai le célèbre *Taillandino*
,, pour cette cure délicate. Ayez soin
,, de suivre le régime qu'il vous in-

„ diquera ; je serais désolé d'après le
„ tableau qu'on m'a fait de ce petit
„ *angelino* , qu'il succombât dans
„ l'opération. Apportez-y les mêmes
„ soins que je donne à la régénération
„ du Conservatoire. Avant peu on
„ n'y verra que des figures aussi cé-
„ lestes que les voix qu'elles exhalent.
„ Laissons déclamer la médisance.
„ L'image du Très-Haut ne doit être
„ entourrée que d'êtres assortis en
„ beauté et en talent ; et c'est un
„ acte méritoire que ne rien épar-
„ gner pour y parvenir. »

Nous fûmes consternés de cette
affreuse lettre. Je n'osai plus questionner mon malheureux enfant. Mais
il reprit son récit d'après les instances
du Juge.

« Je remarquais, reprit Edvinski,
un certain embarras chez Paolo ,

quand son frère entrait. Je vois bien
à présent que la cause naissait du
double emploi qu'on me destinait ;
car le Page du Cardinal et le frère
du Peintre m'observaient également
quand ils venaient au logis. Au bout
de huit jours, moi présent, on annonça à Paolo et à voix basse, le
Frère Taillandino. Je tressaillis involontairement à ce nom inconnu ;
Paolo sortit, et ramena bientôt un
grand Frère de la Charité, sec, vêtu
de noir, au teint verdâtre, ayant
des bras et sur-tout des doigts dé-
charnés d'une longueur extraordinaire.

» Cet homme portait sous son
bras, une petite boîte, couverte en
maroquin rouge. Il posa ses lunettes
après quelques instans de conversation dans un coin du cabinet avec
Paolo : puis se retournant vers moi,

il dit : est - ce lui ! Et quand je le croyais bien loin, il m'atteignit de son immense bras sans bouger de sa place, fit tourner ma tête en plusieurs sens avec sa main énorme, et dit froidement : « il est beau, dans » trois jours on fera *l'operazione.* » Voyons maintenant. » On me conduit alors dans l'arrière-cabinet, qui est à double porte, on les ferme à triple tour, le grand Frère noir met ses lunettes, retrousse ses manches jusqu'au coude, que je pris pour son épaule ; puis tout-à-coup il m'enlève comme une plume, m'étend sur une table rembourée, et me couvrant la poitrine entière comme d'un filet, par une seule main...; je n'ose te dire ce qu'il entreprit, ajouta le pauvre Edvinski..... Je demandai pardon à grands cris, j'étais dans un état horrible, pleurant et gémissant. La, la, taisez - vous , taisez - vous , vous aurez une belle voix , *avrete una bella voce* , disait machinalement le Frère noir en achevant de me dépouiller , et continuant tranquillement ses observations : après quelques minutes de supplice , pendant lesquelles il agita d'horribles ferremens , il dit : cela sera facile ; répéta en me caressant , ces mots : laissez-vous petit , *avrete una bella voce;* referma sa boîte et sortit , après avoir laissé une ordonnance relative au régime préparatoire.

» Je tremblais pour le jour indiqué. Le frère de Paolo vint le même soir. Cet homme , malgré la violence dont il avait usé envers moi , avait des manières douces , caressantes , et je le voyais avec moins d'horreur. Dans l'abandon affreux où j'étais , et frémissant de mon sort je pris le parti de lui confier mes

craintes et le traitement que j'éprouvais. Il en parut fort étonné et s'é-
cria à part *traditore!* Bientôt son
frère entra, il passa avec lui dans le
cabinet, et j'entendis une partie de
leur conversation qui fut fort animée.
— « Ce n'est pas l'intention du Baron,
„ disait mon Maître d'écriture, après
„ les dépenses qu'il a faites pour cet
„ enfant; d'après l'attachement qu'il
„ a conçu pour sa mère, il ne souf-
„ frira pas qu'on le lui enlève, et vous
„ paierez cher cette violence. — Bon!
„ le Cardinal-Legat n'est-il pas tout-
„ puissant, reprit Paolo? Le Baron
„ passe pour un illuminé, un sec-
„ taire *anti - papiste*, on a mille
„ moyens pour s'en défaire. — Mais,
„ reprenait mon Maître, s'il publie
„ vos horreurs, vous souleverez d'in-
„ dignation toute l'Italie. — Paolo
„ éclata de rire à ce propos et re-

„ prit : ne voit-on pas de ces opéra-
„ tions tous les jours? Et que devien-
„ draient nos *Soprani*, nos Conser-
„ vatoires, les Concerts de la Basi-
„ lique? — Ainsi la musique passe
„ avant les lois et l'humanité? s'écria
„ mon maître. — Comme les expé-
„ riences de ton Patron, reprit Paolo.
„ — Qu'un anatomiste habile, un
„ métaphysicien profond fasse des
„ essais, nullement dangéreux sur le
„ corps humain ; qu'il se serve de
„ filtres, d'*haleine condensée*, de
„ quelques alimens échauffans, mais
„ point destructeurs des organes ;
„ qu'il tente des essais chimériques
„ peut-être, mais nullement homi-
„ cides, je ne vois rien là, lui répli-
„ qua mon maître, qui doive ré-
„ volter tout homme qui pense, tout
„ ami des arts ; mais que des chefs
„ de l'Eglise qui le condamnent, qui

„ lé brûleraient, que des apôtres de
„ l'humanité, sous le prétexte de la
„ décence en violent les premières
„ lois; pour fuir un sexe, mutilent
„ l'autre, pour adorer un Dieu dé-
„ naturent son ouvrage, et osent pla-
„ cer devant lui en holocaustes, des
„ milliers de victimes, dont chaque
„ son est une plainte qui perce la
„ nue et va provoquer la foudre....
„ C'est le comble de la corruption
„ et des absurdités humaines. »

» Ils conversèrent encore quelque tems avec feu. J'entendis bientôt que Paolo faisait sonner des bourses de sequins sur la table. Mon Maître se leva vivement, en disant : « *vous* „ *ne me séduirez pas; c'est une* „ *horreur, et j'en rendrai compte* „ *au Baron.* » Paolo lui lança un regard terrible et le menaça d'un stilet qu'il avait à côté de lui. Mon maître fit un geste d'épouvante , en s'écriant : « *il en est bien capable*; ,, *mais on se tiendra sur ses gar-* ,, *des.* Il sortit en ajoutant : *je te dé-* ;, *livrerai, quoiqu'il puisse faire.* » Paolo ferma la porte sur lui avec violence, et envoya sur-le-champ son valet porter une lettre.

» Je ne connaissais pas encore toute l'horreur du sort qui m'attendait; je ne tardai pas à en avoir une parfaite connaissance. O ma mère! plût au Ciel que ce que j'ai appris fût resté dans l'oubli; mais mon ame n'en est point flétrie et je suis encore digne de toi. Paolo avait une sœur très-belle, dont il était extrêmement ja-loux. Elle passait pour très - dévote. Le Cardinal-Legat la protégeait particulièrement, et avait payé long-tems sa pension au Couvent de Santa-Maria où elle avait été Novice, et d'où

elle était sortie récemment par des
motifs inconnus, mais suspects. —
Ignorée et cachée à tous les yeux,
chez son frère, elle avait servi, dans
ses tableaux, de modèle pour les
Vénus, et nous étions le plus souvent groupés ensemble, dans les com-
positions qui avaient été commandées
par le Baron. J'avais remarqué souvent que dans nos poses, cette sœur
appellée Zéphirina, jettait sur moi
des regards bien tendres ; elle me
serrait sur son cœur avec passion,
et lorsque la séance finie, Paolo
allait la renfermer ; car il la tenait
toujours sous clef, elle me pressait
la main d'une force extrême, sans
oser me parler. Sa chambre était
placée sous une soupente où je cou-
chais, et où l'on m'enfermait aussi
tous les soirs ; car jamais prison n'eût
autant de clefs et de verroux qu'en

avaient chacune de nos chambres.
Une nuit que je dormais profondément ; j'entendis un bruit léger sous
mon lit ; je m'allarmai d'abord, je
craignais quelque malheur pour mon
amie ; je m'élançais sur le plancher
quand une voix basse me dit : « *Ed-*
» *vinski, c'est Zéphirina, n'ayez*
» *point de frayeur.* » Et soudain je
sentis sa main douce qui s'attachait à
mon lit, et je la vis entrer par l'ouverture d'une planche ôtée. « Ne crains
,, rien, dit-elle, le plafond au-des-
,, sous est recouvert d'une toile peinte
,, en Ciel, je l'ai déclouée adroite-
,, ment ; j'avais enlevé avec peine
,, une planche, je viens de ratacher
,, la toile du plafond ; rien ne peut
,, nous trahir. »

» A peine elle achevait ces mots
qu'elle se glisse dans mon lit en me
comblant de caresses. « Cher Ed-

„ vinski, me dit - elle, tu n'as plus
„ de mère, c'est à moi, fille de
„ Dieu, à t'en servir, à veiller sur
„ toi, et prévenir les malheurs qui
„ te menacent. Promets - moi donc
„ de faire exactement tout ce que
„ le Ciel ordonnera ; mais sur - tout
„ jure - moi de ne jamais en dire
„ un seul mot, car Paolo nous ferait
„ périr tous deux, et ne me par-
„ donnerait pas même de t'aimer...
„ comme une mère. ,, Je lui jurai
un silence profond ; mais je jurais à
ma mère ; c'est donc à toi, et non
à elle qui m'a trompé, que ce ser-
ment m'attachait. « Eh bien, mon
„ ami, reprit - elle, puisque tu en
„ es digne à présent, le Ciel va t'ap-
„ prendre, par moi, des choses
„ qu'on ne révèle qu'aux êtres formés
„ par leur âge et leur raison ; mais
„ tu annonces tant de sagesse et de

„ discrétion, qu'on peut devancer
„ pour toi cette instruction impor-
„ tante ; écoute bien ta mère. Pour
„ te pénétrer de ses soins, par une
„ inspiration du Ciel, je vais l'imiter
„ sous tous les points ; car une mère
„ seule peut entreprendre ce que je
„ hazarde et courir d'aussi grands
„ dangers. » En disant ces mots,
elle me serrait fortement contre elle.
« D'abord, quoique l'obscurité te
„ les dérobe, tu connais mes yeux,
„ tu as vu leur regard tendre tou-
„ jours fixé sur toi, pour veiller sur
„ ton enfance ; donne-leur le baiser
„ de la reconnaissance, le Ciel le per-
„ met. » Ses yeux étaient si beaux,
elle paraissait si bonne ! je posai un
baiser sur chacun de ses grands yeux
noirs. — « Ma bouche qui te dit si
„ souvent que je t'aime, qui lors-
„ qu'elle se ferme par raison, répète

,, encore ce mot qu'on n'entend plus ;
,, cette bouche qui profère si souvent
,, le nom d'Edvinski , donne-lui un
,, baiser...... tu sentiras que le Ciel
,, récompense un bon fils, tu éprou-
,, veras un plaisir céleste. ,, Elle approcha sa bouche....... O ma mère !
quel feu j'éprouvais ! Je crois qu'une
de ses lèvres passa entre les miennes ;
jamais tu ne m'avais embrassé ainsi...
j'en fus troublé , et ne pus parler de
quelques momens.

» Elle continua : « ce sein qui t'a
,, nourri, et que tu avais desséché , a
,, repris sa forme. Le Ciel a béni mes
,, soins, mon fils prospère... Presse en-
,, core de tes lèvres reconnaissantes,
,, les fruits du jardin où tu as puisé
,, la vie. » Elle m'attira alors sur son
sein, puis s'arrêta tout-à-coup avec
émotion en me disant : « es-tu bien
,, pénétré de l'idée que je remplace

,, ta mère? car à elle seule appar-
,, tient de t'apprendre le secret que
,, je t'ai promis, et qu'on ne peut
,, plus différer de te confier par la
,, position où tu te trouves. Réponds,
,, Edvinski ! es-tu bien pénétré de
,, cette idée ? Suis-je ta mère ? » S'é-
cria-t-elle en me serrant de toutes
ses forces. Entraîné, étourdi, je réponds : oui, mamam. — « Eh bien,
,, mon fils, apprends que Paolo t'a
,, vendu au Cardinal-Legat, pour le
,, Conservatoire. Je t'expliquerai après
,, toute l'étendue de ce mot. Apprends
,, que tu es un homme, et qu'on veut
,, t'arracher ce beau titre. C'est à
,, ta mère éplorée à sauver son ou-
,, vrage. Connais par quels moyens
,, tu serais réduit à cet état humi-
,, liant.... » Hors de moi, le visage
en feu, je ne pouvais respirer ; l'é-
tonnement, un état inconnu jusque-
là,

là, tout me jettait dans un désordre délicieux, dont le souvenir seul me reste, sans me laisser celui des détails.

„ Bientôt je frissonnai en voyant où aboutissaient ces horribles préparatifs du Frère noir. Un tremblement universel me saisit, et je suppliai tout en pleurs ma bonne Zéphirina de m'arracher à ce supplice.

„ Eh bien, mon fils, dit - elle, „ puisque Dieu veut que je me sois „ trouvée à portée de m'opposer à „ ce sacrilége horrible, à cette pro- „ fanation de son ouvrage, je vais „ te donner un moyen sûr de pré- „ venir ce malheur„ je remplirai „ ma mission céleste quoiqu'il m'en „ coûte, et aucune puissance hu- „ maine ne pourra te ravir ce qui „ établit la dignité de l'homme. In- „ voquons d'abord le secours du „ Très - Haut. „ Elle parut se re-

Tome II.   F

cueillir un instant en joignant mes mains avec les siennes ; elle pressa ma bouche cent fois avec ses lèvres, comme en priant, puis s'écria : " je suis inspirée ; écoute-moi.

„ Tu sais, mon ami, que tous les „ êtres sont formés dans le sein de „ Dieu. Il les conserve comme il les „ crée, en les faisant rentrer dans „ son sein ; ils deviennent alors im- „ mortels ; c'est-là sur-tout l'attente „ des cœurs vertueux. Eh bien, mon „ ami, *une femme est le sein de* „ *Dieu, puisqu'elle vous met au* „ *monde*. Une fois sorti d'elle, on „ est mortel, et sujet au dépérisse- „ ment ; mais si par un dessein pieux, „ *on rentre dans ce sein, qui est* „ *celui de Dieu*, on y repuise une „ double vie, et on y gagne l'im- „ mortalité dont je te vois déjà an- „ ticiper les douceurs. Mon aimable

,, Edvinski, si tu m'entends, si tu
,, veux que Taillandino ne puisse
,, rien sur toi, il faut te rendre in-
,, vulnérable. Pénètre - toi de l'idée
,, que tu vas doubler ton existence,
,, te recréer dans le sein de Dieu,
,, qui t'est présenté par moi. Viens,
,, cher Edvinski.... ,, Elle me serra
alors fortement.... Je ne puis te dire
ce qui se passa; je n'entendis plus,
un bonheur céleste s'empara de mes
sens. Jamais je n'avais été si heureux........ et combien mon ivresse
s'augmentait par l'idée que Taillandino ne pourrait rien sur moi!

,, La dévote fut long-tems absorbée
dans son projet céleste. Au bout de
plusieurs minutes, elle sortit comme
d'un songe en me disant : « tu as
,, approché de l'immortalité. Vois
,, combien son ivresse entière est un
,, doux prix de la sagesse. Garde donc

F 2

,, ce secret unique ; n'en parle ja-
,, mais à une autre femme, ce serait
,, un sacrilège. Il faudra employer
,, ce moyen encore plusieurs fois,
,, pour renouveller ton être, attendu
,, ton extrême jeunesse, et pour pré-
,, venir plus sûrement les coups de
,, Taillandino. Jusque - là l'essentiel
,, est de l'empêcher d'agir. Il con-
,, vient donc que tu feignes une ma-
,, ladie : il n'osera entreprendre une
,, opération dans cet état. ,,

,, Zéphirina avait pris sur moi un
si fort ascendant , j'étais si per-
suadé quelle était l'organe de Dieu
même pour me sauver d'un malheur,
et l'ivresse que j'avais goûtée comme
preuve d'immortalité , m'attachait
tellement à elle , que je promis le
plus inviolable silence. — « Demain,
,, dit - elle, je viendrai à la même
,, heure, te fortifier contre les en-

,, treprises de ces destructeurs de
,, l'espèce humaine et des œuvres de
,, Di e. » Elle me serra dans ses
bras, repassa sous mon lit, et des-
cendit dans sa chambre.

» Je me sentis extrêmement abattu
le lendemain; j'étais fort pâle. Paolo
attribua mon état au régime et s'en
ouvrit à Taillandino, qui en m'observant fit un geste significatif et terrible. J'attendis avec impatience la
nuit, pour confier à mon amie mes
craintes, et m'armer davantage contre
tous les ferremens du Frère noir.

» A minuit j'entendis le bruit de
Zéphirina, qui passait sous mon lit.
Elle vint se placer à côté de moi,
m'apportant, dans un sucrier, seul
vase qu'elle eut pu se procurer, un
consommé que je trouvai excellent;
car j'avais été obligé de feindre toute
la journée une indisposition, et j'avais

fort peu mangé. Après ce repas, elle exagéra de nouveau ses craintes, sur les desseins très-prochain du Frère noir, et nous employâmes une grande partie de la nuit à prévenir les projets de Taillandino. Je me trouvai alors extrêmement fatigué ; je m'en plaignis à ma bonne sœur, qui me dit : « cela provient, mon ami, de ce que „ le reste de ton être est mortel. „ *La chair est faible*, a dit l'écri- „ ture. Je suis extrêmement souf- „ frante aussi. *La femme enfantera* „ *avec douleur*, a dit le Très-Haut, „ et cette régénération, mon ami, „ que je hazarde pour toi, est un „ véritable enfantement ; mais tu „ m'es si cher ! et rien, ne coûte à „ une mère pour son fils. » Elle me me serra alors sur son cœur ; et nous nous endormîmes.

» Nous passâmes ainsi plusieurs

nuits dans ces précautions : nuits
pendant lesquelles Zéphirina ne man-
quait jamais de m'apporter des alimens dont j'étais privé par la diette.
Le quatrième jour , je sommeillais
faiblement tandis que Zéphirina était
plongée dans un profond repos; j'entends tout - à - coup parler dans la
chambre au-dessous de moi, je prête
l'oreille avec attention ; le crépuscule
commençait à paraître , et Zéphirina
assoupie , n'avait point encore songé
à descendre. Je n'osais la réveiller ,
de peur d'être découvert par le passage , et par la personne qui était
dans son appartement. J'étais dans le
plus grand effroi , quand j'entendis
Paolo qui appellait doucement sa sœur,
la croyant dans son lit. « Voilà Tail-
» landino , lui disait-il , il va opérer
» Edvinski à l'instant ; car il craint
» son dépérissement ; et la cure aura

» lieu dans ta chambre qui est la
» plus retirée. Lève-toi sur-le-champ. »
Il se fit un silence, pendant lequel,
sans doute, il ouvrit les rideaux de
sa sœur : il poussa alors un cri d'é-
tonnement en ne voyant personne;
cri qui fit accourir Taillandino. Zéphirina ne se réveillait point. Paolo
tempêtait avec des imprécations ef-
frayantes. Je démêlai que Taillandino cherchait à le calmer, avec son
sang-froid ordinaire et en l'envelop-
pant de ses grands bras. Il parla de
mon dépérissement, de la beauté
et de l'éloquence des yeux de Zéphirina, puis il s'écria : « où est l'enfant,
» *il fanciullo ?* » Paolo lui indiqua
la sous - pente, séparée par la toile
peinte en Ciel. Taillandino s'écria
alors en riant et tâtant le plafond
avec sa canne : c'est aujourd'hui
l'Assomption, mon ami ; la Vierge

monte au Ciel, c'est sûr, *e sicuro*.

A ces mots Paolo poussa un cri de fureur, et en disant : serait-il possible, *possibile!* il se mit à visiter la toile du plafond dans toute l'étendue de la chambre. Enfin, il trouva l'orifice pratiqué sous mon lit ; car la toile reclouée se détacha ; j'entendis plus distinctement leurs discours, et qu'ils montaient par la même voie que Zéphirina. Le jour paraissait. Je n'avais osé respirer, et n'eus plus que la ressource de feindre de dormir. Quel tremblement me saisit, quand je les vis sortir tous deux de dessous mon lit ! Zéphirina était dans un désordre extrême ; mais que la chaleur semblait pourtant autoriser. Taillandino en appercevant notre état ouvrit une bouche d'étonnement si grande que j'en frissonnai. Paolo voulut rejetter le drap sur sa sœur, Tail-

landino s'y opposa, disant qu'il fallait,
pendant que je dormais, reconnaître
les détails de son opération, et tout
en feignant de me considérer, il s'a-
vançait sans cesse près de Zéphirina.
Enfin il se pencha tellement que ses
lunettes tombèrent sur le sein de la
dévote qui se réveilla en sursaut
et poussa un cri, prête à s'évanouir
en appercevant son frère et les assistans. « *Scelerata !* s'écria Paolo,
» en l'arrachant du lit par un bras,
» corrompre un enfant de cet âge!
» N'est-ce pas le comble de la per-
» versité ! » Zéphirina ne répondit
rien ; des pleurs coulèrent de ses
yeux ; elle m'embrassa en me disant:
« malheureux enfant ! on me fait un
» crime d'un instant d'erreur; ils ne
» se font pas un scrupule d'un assas-
» sinat. — Ne crains rien, mon amie,
» lui dis-je, je puis les braver à pré-

» sent, tu m'as fortifié, leurs fers
» s'émousseront sur moi; je me suis
» recréé dans ton sein. » *O corru-*
trice ! s'écria Paolo ! *ó perversita !*
et soudain il m'arracha du lit, et dit
à Taillandino : « il n'y a pas un mo-
» ment à perdre ; descendez-le dans
» la chambre, pendant que je vais
» renfermer ma sœur dans cet asyle
» qu'elle s'est choisi, d'où elle pourra
» entendre la scène, et avoir le tems
» de se repentir. » On me fait donc
passer par l'ouverture ; Paolo la cloue
fortement, rattache la toile, et laisse
sa sœur dans ma chambre, livrée à
son désespoir.

» J'attendais mon sort en tremblant,
Bientôt je vis entrer le Frère noir,
avec un autre Frère portant des ferremens dans un petit sac de cuir. On
me donna mille douceurs, on me
fit beaucoup de caresses ; mais celles

de Taillandino avaient un air factice et d'habitude qui me consternait. Il me palpait de ses mains énormes; il me présenta ensuite un bonbon que je refusai d'abord ; mais qu'il approcha fortement sur mes lèvres ; je tremblais, je n'osai refuser, je les ouvris, et tout-à-coup, dans ses longs doigts, ce bonbon se développa, et devint un baillon, que le Frère son digne acolyte, placé derrière-moi, sans que je m'en fusse apperçu attacha fortement sur mon col. Il me fut impossible alors de pousser un cri, et je ne pus que pleurer. Ils n'y firent aucune attention, me voyant hors d'état de me faire entendre, et m'ayant lié les mains et les pieds aux épaules, ils se mirent alors à leur aise, ôtèrent leurs habits noirs et gras et retroussèrent leurs manches ; après quoi l'on m'étendit sur une table. Paolo m'observait gravement avec une loupe, pendant que les deux Frères opérateurs préparaient leurs instrumens : à cet aspect je fis de vains efforts pour me débarrasser de mes liens ; mais l'instant fatal était arrivé. L'aide m'empêcha fortement de remuer. Taillandino huma une prise de tabac, puis approcha un ferrement brillant... j'en sentais déjà la pointe ; c'était fait de moi ! Tout-à-coup on frappe à coups redoublés à la porte du premier cabinet. Taillandino reste le bras suspendu...... : les coups recommencent et l'on crie qu'un Huissier demande Paolo. Taillandino allait reprendre l'opération quand Paolo revient tout agité, avec un papier qu'il appellait *sommation*. Il fait passer les deux Frères par une porte dérobée, me délie vivement et me

met en liberté. Je ne concevais rien
à ce changement subit; ma tête était
troublée par la crainte. O bonheur !
l'Huissier annonce qu'il doit me conduire au Tribunal, pour me confron-
ter avec ma mère. Je faillis m'évanouir de joye à ce mot, et je volais
dans tes bras , quand les menaces
horribles de Paolo me glacèrent de
nouveau. J'espérais bien te détromper; mais tes jours étaient en danger.
Le Ciel, enfin a eu pitié de moi, il
a voulu que j'aye trouvé des juges in-
tègres, un appui dans mon malheur,
et le seul bien que je désirais, ma
tendre mère. »

Edvinski finit alors son récit, en
me serrant dans ses bras et me bai-
gnant de nouveau de ses larmes de
joye. Le Juge était attendri et furieux à-la-fois, de tant d'atrocités.
Il proposa d'abord les plus violentes

mesures contre le Peintre; mais bientôt la réflexion lui montrant l'inutilité des poursuites dans un Etat où l'on autorisait ces exécrables mutilations, il ne put que gémir sur la perversité humaine, et m'engagea même, pour mon propre intérêt, et celui de mon fils, à renfermer toute mon indignation.

Nous rentrâmes dans la Salle d'audience. J'avais pris mon parti. Je possédais Edvinski, le reste de l'univers n'était rien pour moi, et la vengeance s'éteignait dans l'ivresse de mon cœur. On fit revenir Paolo Guardia. Sa contenance assurée prouva que bien qu'il fut instruit du succès de la confrontation, il bravait des poursuites ultérieures. Pendant que le Juge prononça son rapport, dans lequel il supprima tout ce dont nous étions convenus, le Peintre ne cessa

de sourire de cette politique : il s'occupa nonchalament à croquer sous
forme de caricature l'aréopage Bo-
lonais et à en faire la risée de l'auditoire. Il s'entendit avec un sourire
sardonique condamner à huit jours
de prison , pour avoir recélé sans
avis un enfant inconnu, puis il sortit
insolemment et en achevant son cro-
quis. S'il emporta les ris de l'auditoire, nous éprouvâmes en revanche
l'intérét le plus vif. On soupçonna
les motifs politiques de ce silence ;
car les Italiens , en général , ont
une finesse de dissimulation inconnue ailleurs. Edvinski fut admiré sous
tous les rapports ; et nous sortîmes
comblés des propos flatteurs et des
souhaits de bonheur que la vertu
malheureuse , arrache en tous lieux
et à toutes les classes.

Je sentais, après avoir échappé au

premier péril, le danger de l'avis
donné au Baron d'Olnitz. J'apportai
donc tous mes soins à hâter mon départ, et le jour même je fis mes
dispositions pour gagner la capitale
du monde chrétien.

J'arrivai à Rome à la fin de juillet.
Quelle émotion j'éprouvai, à la vue
des vestiges de cette antique Reine de
l'Univers! quelle décadence! quel tableau du néant de la gloire et des passions des hommes! Je songeai aussi aux
désastres de ma patrie, et c'est dans
ces tristes réflexions que je descendis
à un hôtel modeste, sur la place du
Cirque. Je me fis présenter le sur-
lendemain chez le Cardinal de Bernis
protecteur - né des réfugiés de tout
pays. A mon nom seul, il accourut,
et son accueil, toujours si affable,
prit une teinte de considération, qui
augmenta celle de l'assemblée.

Je ne ne m'étendrai pas sur la description des glaciales *conversazioni*
d'Italie. Quoique la maison du Cardinal soit tenue à la française, la
société si ressent de cette abstraction,
de cet isolement volontaire, suite de
l'usage des *sigisbés*. Je n'ai jamais
bien pu concevoir cette mode bizarre.
Si cette association des femmes avec
d'autres hommes que leurs maris est
purement fraternelle, elle fait l'é-
loge de la pureté des Italiennes ; si
elle est plus qu'amicale, c'est un aveu
dé la patience des époux, et le ridi-
cule de jalousie dont on cherche à
les couvrir, me paraît bien injuste.
Mais en y réfléchissant j'ai cru remarquer que cette modification, cet
usage étaient une espèce de traité
avec la jalousie ; que puisque le mot
variété, était écrit dans le cœur fé-
minin, il fallait réduire cette expres-

sion au moindre terme possible, à un seul amant par exemple, en un mot, être trompé de son choix et être jaloux par procureur ; ce dont les *sigisbés* s'acquittent très-bien.

Je ne fus pas long-tems établie dans mon nouveau domicile, sans connaître les usages amoureux de cette étrange ville. J'eus bientôt mes *patiti*, mes souffrans. Bien éloignée de passer à ma fenêtre les deux tiers de la journée, comme le font presque toutes les romaines, occupées sans cesse à la petite guerre des œillades, des souris assassins, et des agaceries ; je ne laissai pas de voir bientôt courir dans la rue, au petit trot, sur la pointe du pied, mille merveilleux, copiant les modes françaises, et les variant de la manière la plus bizarre. Tous ces êtres plaisans se succédaient, sous plusieurs portes, véritables guérites des sentinelles d'amour. Là, placés sous les armes, tantôt la main au cœur, tantôt au front comme saisis d'un vertige ou d'une migraine anacréontique; tantôt fléchissant le genou comme devant leur divinité, ou prêts à s'évanouir contre la borne; il fallait avoir un cœur de bronze pour n'être pas attendrie.

Il est à remarquer que toutes ces impressions sont périodiques, et se renouvellent exactement à la même heure, chaque jour, de porte en porte et de belle en belle, par une même personne. De sorte qu'un *patito*, s'évanouit fort bien dix à douze fois dans une matinée, sans que cela ait des suites fâcheuses. La simple curiosité me porta à observer ces menées bizarres, les premiers jours.

Je causai à ce qu'il me parut, deux maux de cœur, trois migraines et un évanouissement, à en juger par les gestes. J'étais choquée de n'avoir pas vu encore une pointe de stilet ; car on assure que c'est-là le coup de force ; et je riais intérieurement de ces singeries, lorsqu'en passant près du Panthéon, je reconnus un de mes *patiti* en fonction sous une porte. Il en était au *cœur blessé* et *à la tête prise*, quand tout-à-coup, il m'apperçoit : soudain, coup de théâtre ; il pense qu'il faut me consoler par un *rizforuando*, et le voilà qui perd connaissance. Sa belle, furieuse de la perfidie, ferme sa fenêtre avec fracas ; l'amant se débat dans le ruisseau, et je m'éloigne en riant aux éclats de la folie des hommes, et de celle des femmes qui peuvent les croire.

Ces singularités continuelles, ces

cercles taciturnes et par *duo*, sans
m'intéresser, m'avaient fait passer
quelques jours, dans les distractions
qui sont le plaisir des infortunés. Je sor-
tais un soir de l'Opéra d'*Alessandro*,
donnant le bras au bon vieux Che-
valier de Morsall, échappé miraculeusement, avec ses compagnons de
la grotte du Mont-Stolberg, et que
j'avais retrouvé chez le Cardinal.
Nous nous entretenions de nos revers passés, et par contraste avec ma
situation présente, je me livrais à une
espèce de sérénité et de joye, quand
tout-à coup j'apperçois sous la lampe
qui éclairait l'escalier principal, un
grand homme sec, un spectre ne
m'eût pas glacée davantage. Cet être
aux yeux étincelans, à la face blême,
me fixe, pose son index au front,
comme pour m'indiquer un souvenir
menaçant ; puis tout-à-coup, appuye

sur son avant-bras, trois dents longues et effroyables....... véritable tableau d'un tigre dévorant!..... Je reconnais aussi-tôt le Baron d'Olnitz ; je crois sentir de nouveau sa morsure jusqu'à la moëlle de mes os, et je reste anéantie par le regard de ce basilic. Dès cet instant j'eus un pressentiment de mon sort, et je me disposai à prendre toutes les précautions possibles pour éviter cet homme épouvantable. Je vis qu'instruit par son agent ; il m'avait suivie depuis Bologne et croyait enfin ressaisir sa victime.

Je ne doutai point que dès-lors il ne se mit en campagne pour découvrir ma demeure, m'arracher peut-être à mon asyle et recommencer de nouveau ses expériences terribles. Je songeai néanmoins que hors de chez lui, il ne pouvait avoir la faculté de me tenir prisonnière; mais je n'en étais pas plus rassurée sur les moyens qu'il pourrait prendre.

« Qu'elle fatalité me suit, disais-je
,, au bon Morsall ? Mon fils, moi, tout
,, ce qui m'entourre paraît voué à la
,, bizarrerie des hommes, ou à leur
,, perversité. Partie par précaution,
,, je me suis jettée dans l'abîme; j'ai
,, fui l'assassinat, et j'ai rencontré
,, plus que la mort; un préjugé accé-
,, léra mes pas loin de mon pays, et je
,, n'ai pas fait une seule démarche
,, depuis, qui n'ait servi à arracher
,, mon bandeau, et à me détacher
,, des idoles absurdes que je m'étais
,, créées. »

Morsall avait du caractère; mais il sentait par fois mes puissantes raisons. Les nouvelles brillantes des succès de l'armée Russe le consternaient, lui montraient l'impossibilité du retour, il

paraissait

paraissait partager mes regrets, il devenait rêveur ; mais bientôt l'esprit de
parti renaissait ; les larmes et le dépit
se peignaient tour-à-tour dans ses
traits respectables.

J'avais recueilli chez moi, ce bon
vieillard. Mes ressources, quoiques mé-
diocres, me permettaient encore cette
marque de vénération à son égard. Je
donnais par-là à ma retraite une sûreté décente, et je trouvais un appui
dans mes craintes. Morsall m'accom-
pagnait par-tout ; et depuis la rencontre du terrible Baron, il ne me
quittait point dans mes sorties deve-
nues fort rares. Je ne pus cependant
me dispenser de me rendre à un
cercle chez le Cardinal ; cercle donné
à l'occasion de l'arrivée de l'envoyé
d'Espagne. J'y fus invitée expressé-
ment, et crus pouvoir sans danger après
une aussi longue retraite, reparaître

une fois dans un endroit public. Le
Baron d'ailleurs ne s'offrait plus à
mes yeux, et j'avais lieu d'espérer
que me voyant sans cesse entourée,
il renoncerait, si loin de l'exécrable
prison où il enfermait ses victimes,
à des persécutions inutiles.

La *conversazione* fut extrêmement
brillante ; on se retira tard. Beaucoup
de jeunes Français, aussi évaporés que
dans leurs jours de prospérité , se
plurent à *franciser* sur la fin ce
cercle grave , et à désespérer les
maris et leurs seconds , Messieurs les
Sigisbés. Ce ton de suffisance qui
déplut d'abord , finit cependant par
jetter de la gaieté sur cette assemblée monotone ; et l'on se retirait
d'une manière assez bruyante. Arrivés sous le grand vestibule , nous
entrons dans nos chaises à porteurs ;
une vingtaine de femmes se trou-

vaient ainsi réunies. Nos porteurs ne partaient point, nous nous impatientions, lorsque des éclats de rire nous expliquèrent bientôt pourquoi nous restions en place. Nos écervelés s'étaient amusés à faire emporter toutes les barres des chaises pendant que les porteurs sommeillaient, et le cercle se trouvait ainsi transporté dans le vestibule, chacun dans son échoppe, réduit à y passer la nuit. Après avoir ni et tempêté, il fallut bien prendre le parti, du moins pour mon compte, d'aller à pied. J'étais peu éloignée, et je me décidai à cette course, bien loin de penser à mon imprudence.

Je tournais l'angle du Colisée, donnant le bras à Morsall qui marchait assez lentement. Les réverbères jettaient une faible lueur ; l'aube du jour semblait déjà lutter avec cette clarté factice et vacillante. Un vent

frais donnait sur cette place immense et balançant ces lumières pâles
et prêtes à défaillir, semblait pro-
mener à mes yeux des torches fu-
nèbres. Une tristesse involontaire
s'emparait de moi, je me livrais à
mes pressentimens..... Grand Dieu!
ils ne m'ont jamais trompée! au tournant de la rue d'Alba, quatre hommes
en manteau s'élancent, l'un d'eux
jette le sien, comme un vaste étei-
gnoir sur notre fallot, et y engloutit le
porteur avec la lumière. Les trois
autres s'attaquent à Morsall et à
moi, nous ferment la bouche, les
yeux, et nous transportent par des
chemins invisibles pour nous. A peine
pûs-je démêler qu'un inconnu prenait notre défense. Il épuisa ses
efforts et ses armes contre les ravisseurs, rien ne put nous en déli-
vrer. « Reconnaissez Durand, me

» criait l'inconnu , en les chargeant
» avec vigueur , puisse-t-il vous sauver
» une seconde fois ! » Le trouble où
j'étais ne me permit pas d'abord de
réfléchir à ce nom ; mais lorsque
plongée dans une nouvelle solitude ,
loin de tous les yeux , je pus me
livrer un instant à des réflexions plus
calmes ; je me rappellai l'infortuné
Français, victime de Talbot, et que
je croyais avoir fait périr de mes
propres mains. Cette idée adoucit ma
peine. Cet être généreux avait échappé
miraculeusement à la mort ; c'était
sans doute de ma part un crime involontaire ; mais cette image san-
glante ne me quittait jamais. Ces
souvenirs m'ôtèrent pendant quelques
instans les craintes affreuses sur le
sort qui m'attendait personnellement.
Bientôt elles revinrent dans toute leur
violence ; je ne doutais point que je

G 3

ne fusse entre les mains du Baron, et je me préparais aux plus terribles épreuves, lorsque après s'être fait annoncer dans l'appartement où l'on me déposa, il parut.

Il entra comme à son ordinaire avec une timidité apparente, avec des marques de respect et de considération plus grandes encore, s'il est possible, que celles que j'en recevais à Ust. « Pardonnez, Madame, me
» dit-il en baissant les yeux, une
» constance que vous nommerez per-
» sécution; mais qui n'est autre chose
» que le résultat d'un attachement
» profond et d'un enthousiasme pour
» les arts. Votre perte eût été irré-
» parable, et mes vues sont pures.
» Vous êtes libre de tout engagement,
» et mes essais n'aspirent qu'à nous
» donner à vous les sentimens, et à
» moi l'amabilité nécessaire pour cette

» union. Pourquoi le dédain, le mé-
» pris se peignent-ils dans vos traits
» à cette proposition ? Qu'ai-je fait
» d'assez exagéré pour les mériter?
» Daignez raisonner un instant avec
» moi. J'ai cherché par des moyens
» chimiques à créer en vous un senti-
» ment; si je réussis, où est la vio-
» lence? Vous suivez alors votre pen-
» chant, quelle qu'en soit la cause. Si
» mes essais sont vains, si mes pro-
» cédés chimiques ne peuvent vous
» enflammer, m'avez-vous vu abuser
» de votre état de faiblesse, et suivre
» une seule lueur d'exaltation des
» sens? Daignez vous rappeller qu'à
» Ust, je ne profitai pas d'une si-
» tuation bien propice. J'étais con-
» vaincu cependant d'un penchant
» momentané de votre part; mais je
» n'avais pas achevé les opérations
» nécessaires pour prévenir le re-

G 4

» tour , les regrets , et me rendre
» plus agréable à vos yeux , en me
» *rajeunissant* visiblement. C'est ce
» qui me reste à exécuter en ce sé-
» jour. Daignez calmer votre ima-
» gination toujours inquiete, et pen-
» ser qu'aucune des expériences que
» nous avons à faire, ne sera révol-
» tante ni dangéreuse. »

Des pleurs furent ma seule réponse
à cet homme bizarre. Il était superflu
de me récrier contre la perte de ma
liberté. Il ne répondait à cette objec-
tion que par la prétendue certitude
de mon bonheur. « Au moins ren-
» dez-moi mon fils, m'écriai-je dé-
» solée. Me laisserez-vous dans l'af-
» freuse incertitude où j'ai gémi si
» long - tems pour lui, par suite de
» vos infames procédés ? — Votre
» fils, Madame est déjà près de vous.

» Rien ne m'a échappé, soit de vos
» actions depuis que vous avez quitté
» Bologne, soit des notions relatives
» aux êtres qui vous entourent. Ce
» bon vieillard auquel vous paraissez
» accorder de l'estime, ayant été té-
» moin de votre enlèvement, ne peut
» être mis en liberté, et pourra nous
» servir aussi pour quelques expé-
» riences. Edvinski est dans la pièce
» voisine. Vous ne pourrez le voir
» que par le même moyen et avec
» les mêmes précautions qu'à Ust. Je
» compte assez sur votre prudence,
» pour vous prier de ne me pas mettre
» dans la nécessité de vous rendre
» l'extinction de voix passagère que je
» vous avais donnée. Je compte enfin
» sur votre discrétion, comme vous
» devez compter sur la franchise de
» mes procédés, et la certitude que
» nos expériences n'ont aucun danger.

» pour vous, ni pour les êtres qui
» vous sont chers. »

A ces mots, il me fit observer le
cabinet où j'étais. Je crus être en-
vironnée de glaces; mais je m'apperçus bientôt que j'étais sous un
vaste récipient pneumatique. Je m'ef-
frayai d'abord : " Soyez tranquille,
,, reprit-il, votre air est renouvellé pé-
,, riodiquement et en suffisante quan-
,, tité. Vous avez été placée-là pendant
,, votre évanouissement. Remarquez
,, que vous ne vous êtes apperçu d'au-
,, cun mal-aise, et que vous ignore-
,, riez encore votre position, si je ne
,, vous en eusse prévenue. C'est ainsi
,, que je recueille votre haleine par
,, le chapiteau de l'alambic; je la con-
,, dense ensuite en faisant circuler de
,, l'eau froide sur ce tube, et je re-
,, cueille alors, sous forme de fluide,
,, votre soufle délicieux, votre gaz

,, personnel, enfin le véhicule de l'air
,, céleste et de vos affections parti-
,, culières. C'est avec délices que je
,, m'en abreuve, reprit-il; il est le
,, nectar pour mon cœur passionné;
,, et chaque goûte de ce breuvage
,, divin semble porter sur mes lèvres
,, le feu de mille baisers, et dans mon
,, esprit mille idées voluptueuses. ,,

Il tira alors un flacon de mon haleine condensée, qu'il avait déjà recueillie, en but quelques goûtes avec
ivresse et replaça avec précaution le
vase dans son sein. " Vous convien-
,, drez, me dit-il alors, que me ré-
,, générant pour ainsi dire par votre
,, haleine, qui devient pour moi une
,, atmosphère ; une base de l'exis-
,, tence, mon souffle même se pu-
,, rifie, puisqu'il se compose du vôtre;
,, que vous devez donc vous livrer,
,, avec moins de dégoût, à l'idée d'as-

,, pirer votre propre haleine, combi-
,, née ainsi avec la mienne, et d'o-
,, pérer ce mélange imperceptible,
,, qui finira par établir entre nous
,, un équilibre parfait. ,, Quelle aversion tous ces systêmes ne me donnaient - ils pas, quand je jettais les
yeux sur l'être décrépit qui me tenait
ce langage! J'étais sûre, hélas! trop
sûre que les alimens qui me seraient
offerts, jetteraient bientôt un nuage
sur mon esprit, qui exalté alors, ne
pourrait analiser les traits du Baron;
mais combien les instans de raison et
de calme en devenaient plus terribles!
" Vous me regardez avec dédain,
,, reprit le Baron; mes traits altérés
,, par une imagination de feu, ce
,, front calciné par des idées volca-
,, niques, ont devancé par leurs rides,
,, les impressions de l'âge. Calmez-
,, vous; ce ne sera point à l'illusion

,, seule que vous devrez de les trou-
,, ver moins haïssables ; mes secrets
,, vont jusqu'à rajeunir l'homme ,
,, et toujours par les mêmes moyens. ,,
Je baissai les yeux pendant quelques
instans , quelle fut ma surprise en
relevant mes regards sur lui, de lui
trouver la peau tendue , le visage
plein ! Ses joues creuses avaient disparu , son air paraissait plus vif.....
" Mon rajeunissement extérieur, Ma-
,, dame est l'effet du souffle pur des
,, enfans choisis, placés dans le ca-
,, binet voisin ; gaz que je fais insinuer
,, dans mes chairs par un soufflet de
,, mon invention , tandis que j'en
,, abreuve l'intérieur. » Je ne compris
rien à ce langage bizarre ; mais bientôt
il parla à mes yeux. Il me fit observer
un soufflet d'ébène, garni en argent ;
placé sous une niche et qui paraissait puiser son aliment dans la pièce

voisine. De l'extrémité de ce souflet partaient cinq petits tuyaux en gomme élastique, terminés chacun par un tube d'argent fort aigu et recourbé. De ces cinq tubes, quatre étaient enfoncés d'une ligne à-peu-près dans chacun de ses membres, le cinquième aboutissait sur sa poitrine. Je remarquai que le jeu du souflet donnant un aliment aux tubes, remplissait imperceptiblement les chairs du Baron, et lui donnait, en apparence, un bien-être inconcevable, tandis qu'il n'en résultait réellement qu'une bouffissure. (*) « Je me rajeunis par l'air ,, céleste exhalé de ces enfans ; je sens ,, l'affluence de leur gaz personnel, ,, s'écriait cet insensé ; il se dégage ,, avec profusion de ces êtres inno-

____

(*) Cette expérience, qui est le comble de la folie, n'en est pas moins actuellement en vogue et a été transportée de Berlin à Paris.

„ cens, et sans leur nuire. » Il donna
alors un coup sur mon récipient ; la
petite niche du souflet s'ouvrit, et je
vis dans la pièce voisine, sous un
récipient pareil au mien, quatre enfans d'une figure ravissante. Grand
Dieu ! je reconnus Edvinski ; je voulus m'élancer, je ne le pus ; mais je
devins plus calme en remarquant la
gaîté de ces anges. Edvinski lui-même
paraissait joyeux. "J'ai soin, me dit
„ le Baron, de leur donner des idées
„ douces et tout ce qui peut les flatter.
„ Les hochets, les douceurs ne leur
„ sont point épargnés ; cette hilarité
„ fait exhaler l'air céleste, qui comme
„ vous l'avez vu, ne sort que par
„ le mouvement répété des paroles
„ douces, amenées par des pensées
„ heureuses. Vous voyez que le sou-
„ flet puise dans le chapiteau le gaz
„ enfantin que je reçois ainsi, et qui

,, me régénère. L'air atmophérique
,, dilate aussi les vaisseaux; mais ne
,, s'identifie pas comme celui-ci, qui
,, est la base de l'existence. Ne vous
,, récriez pas contre cette expérience
,, qui n'a rien d'effrayant : com-
,, bien de tyrans à l'ombre de leur
,, puissance ont cherché dans le
,, sang de ces êtres innocens, des
,, bains aussi atroces qu'absurdes dans
,, leurs effets! et qu'à de comparable
,, mon procédé avec leur abominable
,, doctrine? »

Tous ces raisonnemens rassuraien
peu une mère allarmée. Je craignais
le dépérissement de mon fils. Cependant ses alimens sains, abondans,
son air calme et tranquille aux momens près où il m'appellait, tout contribuait à jetter quelque consolation
dans mon ame. Le Baron quitta ses
tubes d'aspiration, comme il les ap-

pellait, et se retira après m'avoir re-
commandé la plus parfaite tranquillité
d'esprit.

Je passai une journée assez paisible.
On m'avait sortie de mon récipient
par une trappe pratiquée au parquet
et qui se refermait à volonté. On en
avait agi de même pour les enfans. Je
jugeai que ces expériences se feraient
rarement et sans danger. Je mangeai
avec quelque confiance, et me livrai
au sommeil. Le lendemain quel fut
mon étonnement, d'entendre annoncer chez le Baron, dont je n'étais
séparée que par une porte, le fameux Avocat Salviati, alors à Rome ;
célèbre magnétiseur et illuminé, dont
j'avais si souvent oui parler. Je ne
doutai point que ces deux person-
nages étranges n'eussent de grandes.
relations ensemble, et je frémis d'être.
exposée à de nouveaux essais. J'é-

coutai avec la plus grande attention ce qui se disait dans la pièce
voisine. Autant que je pus démêler
l'entretien , je crus remarquer que
Salviati parlait de ses relations avec
divers affiliés en Europe. Il parla du
succès du *gaz de jouvence*, dont plusieurs Princes avaient demandé des
envois et notamment l'Impératrice de
R.....; il me sembla qu'il montrait des
lettres où l'on exaltait ses effets, et
dans lesquelles on se plaignait néanmoins de la nécessité de réitérer trop
souvent l'aspiration et de la difficulté de se procurer les instrumens
convenables. Il ajouta ces paroles :
« Au reste, mon confrère, votre air
,, céleste n'est autre que mon fluide
,, magnétique , et il sera possible
,, par un appareil bien plus simple et
,, plus voluptueux, de trouver un
,, procédé pour rajeunir, et faire pas-

„ ser les impressions dans un corps
„ quelconque. Le simple frottement
„ doit suffire par l'électricité natu-
„ relle. Procurez-moi seulement deux
„ des enfans que vous distillez. Je
„ m'en servirai pour coussinets de
„ frottement, et vous verrez des effets
„ incompréhensibles. » Je tressaillis
à cette idée, et j'allais pousser un cri
de douleur quand j'entendis nommer
les deux enfans que Salviati deman-
dait. Edvinski n'en était pas, et je
fus moins malheureuse.

Après quelques instans de préparatifs, je vis amener les deux enfans
désignés, nuds, âgés à-peu-près de six
ans et d'une figure touchante. Ces
pauvres petits êtres tremblaient de
tout leurs corps à l'aspect de Salviati, dont la figure noire et ridée,
encadrée dans une perruque blanche, avait quelque chose des minis-

tres du Tartare. Une immense ma-
chine électrique, était au milieu du
cabinet. « C'est bien cela que j'a-
„ vais demandé , Baron , dit-il à
„ M. d'Olnitz ; vous avez parfaite-
„ ment saisi la forme de l'appareil,
„ et il est bien exécuté. Vous allez
„ en voir les effets. » A ces mots,
il prend ces petits enfans , il les lie
avec quatre courroyes de cuir aux
poteaux qui supportaient la grande
roue de verre , et en place des coussinets de frottement. Il les dispose
dos contre dos , de manière que le
bas des reins se touche parfaitement
et forme un frottoir naturel , séparé
par la seule épaisseur de la roue de
verre. Il tourne ensuite la grande roue
avec vivacité ; bientôt le mouvement
rapide du verre échauffe ces chairs
délicates , les étincelles jaillissent ; on
reconnaît à l'agitation de ces enfans

de

la cuisson que ce contract brûlant
leur cause. « Voyez, voyez, s'écriait
„ Salviati, ces étincelles ! comme le
„ conducteur électrique se charge du
„ fluide enfantin ! que sont vos gaz,
„ sans la matière du feu qui les
„ dilatte ? Je tiens donc le principe,
„ quand vous rampez encore sur les
„ composés. Et que serait-ce, si au
„ lieu de deux enfans débiles, je
„ plaçais pour frottoir deux femmes
„ aux formes saillantes? Quelle abon-
„ dance de magnétisme afflruerait
„ alors, et porterait dans nous avec
„ la santé, la force et le désir!
„ Demain nous ferons cette superbe
„ expérience. Je me bornerai pour
„ aujourd'hui à vous montrer les ef-
„ fets rapides du fluide électrique,
„ extrait des enfans, pour rajeunir
„ l'homme. „ Il prie alors le Baron
de tourner la roue, et s'isole sur le

pain de cire, en s'attachant au conducteur. Bientôt, ses yeux étincel-
lent, et à mesure que le mouvement
de la roue de verre augmente, ses
membres se crispent, ses cheveux se
dressent et soulevant sa perruque,
montrent le spectre le plus hideux
que l'imagination pût enfanter. " De
,, quelle force ne me sens-je pas em-
,, brâsé, s'écriait l'Avocat ! quelle
,, surabondance de vie ! je viens d'ac-
,, quérir cinquante ans d'existence.
,, C'est assez ; détachons ces enfans,
,, qui ont assez perdu. ,, On délie
alors ces deux innocentes créatures,
étonnées, confondues du procédé des
physiciens, dont les caresses, les
dons et les soins tardifs ne peuvent
excuser l'entreprise hazardeuse.

Ils se séparèrent alors ; mais le
projet formé pour le lendemain d'ex-
traire le fluide électrique de deux

femmes, me laissait une terreur mor-
telle. Je me persuadais tellement que
j'en devais être victime, que je ne
pouvais respirer, et pris le parti de
mander le Baron, aussi-tôt que je le
présumai libre. Il ne se fit pas attendre, et prévint mes questions.
„Vous avez vu, Madame, me dit-
„il, par l'exagération de Salviati,
„que mes moyens sont bien plus
„doux, et que l'enthousiasme dé-
„placé peut jetter en de grandes
„erreurs. Je devine vos craintes sur
„l'expérience projettée. Convaincu
„que le fluide électrique n'agit que
„sur les nerfs; et vous l'avez vu par
„l'état d'irritation de mon confrère;
„je ne souffrirai point que vous soyez
„immolée à des essais superflus. La
„décence d'ailleurs, s'y oppose, et je
„n'ose dire, ma jalousie. Souffrirai-
„je que vous paraissiez dans une

,, nudité absolue aux yeux d'un étran-
,, ger! Souffrirai-je que les plus belles
,, formes humaines , soient flétries
,, et brûlées par des expériences inu-
,, tiles! non, non. ,, Et en disant ces
mots il me montra une suite de desseins représentant les principales expériences de Salviati. Celle du Baron
en effet , près de celles - ci n'étaient
que des jeux d'enfans ; aussi en était-
il traité comme un élève plutôt que
confrère.

Ces systémes et définitions me con-
duisirent insensiblement à l'heure an-
noncée par l'Avocat, pour sa grande
expérience. Il frappa à l'heure pres-
crite. Je me renfermai dans ma chambre, tremblante, et je prêtai l'oreille
avec attention , en même - tems que
je cherchais à regarder ce qui se passait dans le cabinet. Je vis paraître
Salviati , l'air rêveur, marchant gravement,

vement , suivi d'un grand homme , le chapeau sur les yeux , que je reconnus bientôt pour être *Paolo Guardia* , ce Peintre scélérat , agent du Cardinal Legat et de tous les illuminés. Le Peintre donnait la main à une femme voilée , qui me parut d'une taille remarquable et d'une grande beauté ; lorsqu'on leva son voile , des cheveux blonds bouclés retombant sur ses épaules , un teint éblouissant , des yeux noirs , contrastant avec ce teint et cette chevelure , donnèrent à sa phisionomie un mélange de sensibilité et de volupté ravissant. Je l'admirais ; lorsque le Peintre prononçant ces mots : *ma chère sœur* , je ne vis plus que la corruptrice de mon fils , Zéphirina , et lui jettai des regards d'indignation.

Zéphirina s'assit d'un air modeste , paraissant aussi agitée que moi. « Vous

,, voyez, dit Salviati au Baron, un
,, des coussinets de la grande expé-
,, rience, en montrant Zéphirina ;
,, vous allez nous procurer l'autre ;
,, faites amener la *belle aux mor-*
,, *sures*, dit-il en regardant ironique-
,, ment le Baron. ,, — Mon intention
,, n'est pas de la livrer pour cette ex-
,, périence, ,, dit froidement M. d'Olnitz. Je frissonnais derrière ma porte,
des larmes coulaient de mes yeux.
« Votre fluide électrique, continua-t-il,
,, n'agit que sur les nerfs ; et nullement
,, sur les bases du rajeunissement. D'ail-
,, leurs la nudité indispensable pour le
,, frottement des rouages est incompa-
,, tible avec la décence de mon élève.
,, — Lutter contre le chef de la secte,
,, s'écria l'Avocat ! — Insulter ma
,, sœur, dit le Peintre furieux ! — Où
,, est cette femme, ajouta Paolo d'un
,, air terrible ? J'ai un grief à laver,

,, je n'ai pas oublié le jugement de
,, Bologne. *O vendetta !* je la trou-
,, verai.... Le Baron voulut l'arrêter.
Paolo se hâta de fureter, et trouvant
ma porte, il se mit en devoir de l'en-
foncer. Le Baron débile, tout enflé
encore par son prétendu rajeunisse-
du matin, fit d'inutiles efforts ; il
voulut saisir Paolo, qui le frappant
rudement, fit désenfler comme un
ballon mon pauvre défenseur lequel
tomba presque évanoui, pendant que
Salviati riant aux éclats, lui criait :
Baron, ta jeunesse s'évapore.

Je voulus en vain fuir le sort qui
m'attendait ; ma porte fut forcée, je
fus saisie, entraînée au milieu du cabinet, où Salviati préparait la ma-
chine électrique. Il me regarda de son
œil perçant, s'approcha de moi, et
parcourant ma taille, et des yeux
toute ma personne, il dit : " *C'est*

bien ! abondance de fluide ! -- il n'est pas encore venu, ajouta-t-il en parlant au Peintre ; *en attendant deshabillez ces femmes*. A ces mots j'entrai en fureur, Zéphirina se mit à pleurer et reprocha à son frère, de l'avoir trompée et vendue indignement. « C'est pour le bien de *l'humanita*, dit Paolo ironiquement, en saisissant sa sœur. Salviati voulut essayer de m'ôter mes vêtemens ; mais la rage s'emparant de moi et de Zéphirina, nous luttions avec avantage contre nos persécuteurs, et aidées du Baron désenflé, nous les terrassions et allions briser à jamais les instumens de leur démence et de notre supplice, lorsqu'on frappa doucement à la porte. -- Le voilà, *viva Taillandino !* s'écria Paolo. Ce nom nous fait frémir et nous ôte les forces ; on ouvre, le grand Frère noir entre à l'instant, accourt, et vient prêter

main-forte à ses confrères. « Grand
,, Dieu ! les scélérats ont donc un
point de contact en tous lieux , ,,
m'écriai-je ! A peine achevais-je mon
exclamation , que nous sommes saisies
et garottées par le grand Frère, expé-
ditif en cette matière.

On nous attache chacune à un
poteau de la grande roue , on lie
nos cheveux ensemble par - dessus
nos têtes , penchées en arrière ; on
pose nos reins en contact, et séparés
par la seule épaisseur de la roue de
verre. Salviati se place alors avec
délices sur le pain de cire, et ordonne
de charger. Le frottement brûle bientôt nos chairs , les étincelles scintil-
lent ; l'Avocat paraissait dans un ra-
vissement inexprimable ; Taillandino
et Paolo se plaisaient à donner la plus
grande rapidité à la roue , et à ex-
traire des étincelles prodigieuses. Tous

les supplices physiques et moraux se
faisaient sentir à-la-fois, lorsque des
cris et un bruit de cristaux cassés se
font entendre. Salviati ordonne de
continuer. Bientôt le bruit redouble.
« Entendez-vous ? tous mes récipiens
» sont brisés, s'écrie le Baron d'Ol-
» nitz...... Quelque détonnation ex-
» traordinaire y aura donné lieu. »
Bientôt le fracas devient plus grand,
des voix s'y mêlent ; celles d'Edvinski,
de Durand, se font entendre. Nos Physiciens changent alors de visage, leurs
doutes s'éclaircissent ; car une nuée
de Sbirres se précipite dans l'appartement, après avoir parcouru toutes
les pièces et fracassé les machines
qui les arrêtaient. Le Podestà et les
Sbirres restent immobiles à la vue de
cet appareil étrange, et Durand jette
sur nous son manteau, pendant que
Salviati demeure fièrement sur son pain

de cire, comme Pharamond sur le pavois. Deux gardes veulent alors mettre la main sur lui; mais le feu électrique jaillit de leurs mains et ils sont jettés à la renverse. Deux autres ont le même sort. Le charlatan triomphait; enfin le Podesta , plus instruit, s'avance , le saisit lui-même, l'arrache de son isolement, et le livre aux soldats.

On arrête de même le Baron, Paolo et Taillandino qui se glissaient dans la foule; mais trop bien signalés pour s'échapper. On les entraine dans les pièces voisines pour nous laisser habiller et bientôt après on revient, en me témoignant, malgré les demandes de Durand auquel je devais ma délivrance, le regret de ne pouvoir me mettre encore en liberté sans examen; on verbalise, on nous sépare, et d'après l'ordre reçu, on nous fait monter tous dans des carosses escortés par un détachement, et on nous conduit au Château Saint-Ange.

Durand eut la permission de m'accompagner jusqu'aux barrières du Château. Comptant sur une liberté prompte, ayant sous les yeux un ami que je croyais avoir immolé de mes propres mains, il était naturel que je m'informasse avec avidité du hazard, ou plutôt du prodige qui l'offrait à mes yeux, après une mort si cruelle. Voici le détail succint qu'il m'en fit : « Aussi-tôt, me dit-il, que Talbot m'eut fait enlever de votre cabinet, pour l'exécution de la sentence que devait porter le redoutable conseil présidé par lui, je fus livré à deux ouvriers de l'attellier, pour être garotté et surveillé jusqu'à l'instant fatal. Le premier, nommé *Gervasio*, piémontais, était un tigre féroce ne res-

pirant que sang et carnage ; on ne
pouvait choisir une sentinelle plus terrible. L'autre, nommé *Macarty*, matelot irlandais, jeune encore, m'avait
témoigné souvent de l'intérêt ; nous
travaillions à la même presse, et c'est
de-là que datait notre intimité cachée.
Sa haute stature, un air dur, un accent
brutal lui donnaient l'apparence d'un
agent convenable aux vues de Talbot ;
mais il portait dans le fond une ame
loyale, une sensibilité rare dans un
homme de sa classe ; je m'en con-
vainquis bientôt. Gervasio s'empara
d'abord de mes mains, et les lia avec
une violence horrible ; il en fit autant
de mes pieds , et au moyen d'une
corde resserrée par un levier , il les
serrait l'un contre l'autre à tel point,
que la circulation du sang en était
arrêtée. Macarty, d'un air furieux le
repousse alors en lui reprochant de ne

H 5

pas avoir assez de force, et feignant d'y mettre toute la sienne, il tourne avec des efforts simulés le billon en sens contraire. Cet acte de bonté me rendit un peu de calme, et arrêta les douleurs insupportables que j'éprouvais. Il se passa un tems assez considérable jusqu'à l'instant de mon jugement. Enfin la grande salle s'ouvrit, on apporta le vase rouge, rempli des billets de condamnation; on les tira, on les lut successivement, il s'en trouva vingt pour la mort, et j'eus ordre de m'y préparer de suite. Je voulus en ces derniers instans élever la voix en votre faveur : *God-damn!* s'écria Talbot; *la petit femme bien ingrat! elle te couper la parole tout-à-l'heure.* Je ne compris pas à l'instant cette épouvantable ironie. Bientôt elle s'éclaircit. On me porta sous une presse; le Piémontais passa une

corde autour du levier. Je vis le sort
affreux qui m'était réservé, quand il
s'avança pour passer l'autre extrémité
de la même corde autour de mon col.
Macarty, matelot de son métier, pré-
tendit savoir mieux faire un nœud
coulant, et en jouant la fureur la plus
caractérisée il fit un nœud extraordinaire et fixe. Gervasio tira la corde
par trois fois pour juger de l'effet ;
j'eus soin de bouffir mon visage à
chaque essai. Il parut enchanté de
l'invention et fit compliment à Macarty sur son adresse. Quelle situation ! grand Dieu ! une mort horrible,
ou la perte de mon ami si son bienfait était découvert ! J'adressais mes
derniers vœux à l'Être - Suprême ;
lorsque Talbot ordonna de m'exécuter sur-le-champ. Gervasio assura
que tout était parfaitement disposé,
et qu'on pouvait amener la *bella*

H 6.

donna. On me ferma la bouche avec des rognures de papier de l'imprimerie , et on rejetta sur moi la couverture de la presse, comme un linceuil. Bientôt vous fûtes introduite...... J'entendis tout, tout Madame ! et la mort est moins horrible que le prélude affreux qui annonça la mienne. Infortunée ! vous ignoriez en tirant ce levier de votre main innocente, en étouffant ma voix , mes soupirs, que c'était votre souvenir, votre nom même qu'exhalait mon dernier souffle. Je sentis faiblement les premières secousses ; mais la troisième fut si forte, que, sans me donner la mort, elle me fit perdre connaissance. J'ignore ce qui se passa ensuite, je présume seulement que je fus renfermé dans une malle et livré au cours du Danube, puisque le lendemain je fus trouvé arrêté ainsi par un moulin, à deux lieues de Bude. Je reçus du Meûnier les secours les plus touchans et les plus promts; secours qui réussirent d'autant mieux, que saisi par la fraîcheur je commençais à reprendre mes sens, lorsque la caisse se trouva embarrassée aux chaînes du moulin. Après quelques jours d'hospitalité chez ce bon Hongrois; tems pendant lequel je n'avais cessé d'écrire à la Police de Bude; je me suis rendu, aussi-tôt que mes forces me l'ont permis, dans cette ville, pour faire ma déposition; mais j'y ai été averti que vous aviez été mise en liberté trois jours avant mon arrivée. En apprenant cette nouvelle et les moyens par lesquels on était parvenu jusqu'à vous, j'ai reconnu que notre essai avait enfin réussi. Vous devinez ma joye.... Je formai dès cet instant le projet de m'attacher à vos pas, comme un ami fidèle et désintéressé. Le Ciel a permis que je vous aie rejoint à Rome, et si je n'ai pu vous arracher à vos ravisseurs, j'ai eu le bonheur de trouver leur repaire, et la certitude que l'innocence est enfin triomphante après tant de revers. »

Je remerciais mon jeune ami, lorsque la voiture s'arrêta au pont-levis de la forteresse ; il fallut nous séparer. Durand me quitta les larmes aux yeux, et avec les protestations les plus fortes de ne rien négliger pour ma délivance. Il s'éloigna enfin, et nous descendîmes au milieu des gardes.

Je ne m'arrêterai pas à décrire les antres sombres, les ponts voûtés en fer, sous-lesquels des bras du Tibre comprimés, s'éloignent en bouillonnant ; les cavernes couvertes d'une mousse humide, chevelure hideuse de rochers éternels : tous les gouffres par lesquels il nous fallut passer ; une secrette horreur agitait trop mes nerfs, pour que mon attention pût suffire à une description. Quelques lampes rares projettant des ombres immenses sous ces voûtes ; des Sbirres qui n'ayant vu le jour depuis vingt ans , ont la pâleur des spectres ; des gouttes d'eau qui coulant des murs des cachots , sur nos têtes , semblaient être l'infiltration des pleurs des malheureux prisonniers , sont les seuls tableaux dont le souvenir me réste , et dont l'impression horrible est inéfaçable. Quelque tranquillité que je dusse recevoir par la pensée d'être bientôt délivrée, comme victime moi-même des illuminés qu'on cherchait, le tems nécessaire aux formalités, cette crainte terrible d'un Tribunal qui place là ses agens et ses martyrs, la simple idée d'être confondue par erreur, par quelque fausse apparence avec Salviati ou le Baron, me glaçaient d'une terreur invincible.

Nous parcourûmes près d'un quart de mille sous des voûtes immenses et des ponts-levis, toujours à cent pieds d'un soupirail qui jettait d'en haut un faible crépuscule, et dont la lumière grise, luttant avec les feux pâles d'une lampe, ajoutait au contraire à l'obscurité. Douze Sbirres nous firent faire ce trajet à pied, les voitures ayant resté à la première grille. Salviati enveloppé dans un manteau, marchait la tête levée et observait tout avec attention. Le Baron, la face contre terre semblait entrer dans sa tombe. Pour le Peintre et Taillandino, ils paraissaient familiarisés avec cette vue et l'horreur des cachots; ils s'entretenaient paisiblement. Pouvant à peine me porter , je m'appuyais sur un garde. Zéphirina aussi troublée que moi, voulut me soutenir, je la repoussai avec horreur. Elle ne dit mot, et s'éloigna avec confusion.

Arrivés à une espèce de carrefour, et où aboutissaient plusieurs souterrains, sur lesquels s'ouvraient des portes de fer, un des gardes prit une torche et un papier, paroourut les numéros puis nous plaça successivement. Salviati en entrant, observa sa porte de fer. On voulut le dépouiller de son manteau, il dit qu'il était dans un accès de fièvre violent, et décomposa sa figure à tel point qu'il eut l'air d'un agonisant. Je soupçonnai un mystère sous ce manteau; on verra que je ne me trompais pas. Sa feinte réussit; il s'enveloppa davantage en grelottant, et couvert de la pâleur d'un mort, il se jetta dans son cachot, sur lequel on

ferma trois portes. Le Baron fut placé
à côté de lui ; il était sans manteau,
et dans un état de maigreur à faire
pitié. Je crus remarquer qu'il tenait
un flacon dans son sein. Taillandino
et le Peintre furent placés dans la
même prison, et l'on me conduisit
avec Zéphirina dans une salle voûtée,
à l'extrémité du souterrain. Une espèce de grille ou parloir, laissait arriver la clarté de la lampe du carrefour,
et l'air pouvant s'y renouveller plus
aisément, rendait ce séjour moins funeste peut-être ; mais plus terrible,
en nous rendant témoins du passage,
et des gémissemens des victimes qu'on
emmenait et torturait souvent.

Nous passâmes plusieurs jours dans
un silence effrayant. Le quatrième,
nous entendîmes une voix forte ton-
nant contre les gardes qui nous avaient
conduits, sur ce qu'on ne nous avait

pas fouillés exactement et on rou-
vrit les portes de Salviati. On resta
quelque tems dans son cachot; nous
prétions l'oreille, je distinguais de ma
grille ce qui se passait. Un juge était à
la porte et une haie de gens armés était
placée, depuis l'intérieur du cachot
jusqu'au milieu du passage. Un silence
profond régnait pendant la visite. Soudain on entend un grand cri dans le
cachot; le Père visiteur sort précipi-
tamment... Quel spectacle! sa robe
noire était en feu; les Sbirres veulent
l'éteindre, leurs mains, leurs vêtemens se couvrent également d'une
flamme blanche; ils se croisent, se
brûlent, poussent des cris affreux,
et se sauvent en criant : *il diavolo!*
il diavolo ! Ces soldats flamboyants,
en fuite sous ces voûtes sombres, ces
cris répétés au loin par les cavités des
cachots, ces feux pâles, répandaient

une horreur profonde qui m'otait la possibilité de réfléchir , et m'allarmaient fortement. « Soyez tranqu'ille,
» Madame, me dit Zéphirina, Salviati
» ne marche jamais sans une boîte à
» phosphore, un appareil électrique
» et un aimant, qu'il dérobe avec une
» adresse inconcevable. Il faut toute
» l'ignorance de ces geoliers souter-
» rains, pour être la dupe de cette
» ruse. Il vient de les couvrir de phos-
» phore, voilà le sujet de leurs al-
» larmes. » Je remarquai que l'Avocat profita de l'absence de ses gardes, pour sortir de son cachot, faire quelques préparatifs que nous ne pûmes bien distinguer, et rentra tranquillement dans son asyle après avoir parlé au Baron par la porte de son souterrain.

Bientôt reparut , une nuée de Sbirres se pressant dans le passage, et ceux de derrière poussant ceux qui s'avançaient les premiers dans ce souterrain assez étroit ; ceux-ci arrivèrent enfin malgré eux à la porte de Salviati qu'ils fermèrent sans obstacle, quoiqu'ils témoignassent la plus grande frayeur.

Au milieu de ces scènes bizarres, de ces circonstances personnels, je pensais sans cesse à mon fils. Durand m'avait promis, tout en faisant les démarches nécessaires pour m'arracher d'un séjour si peu fait pour moi, de veiller sur cet enfant si cher ; et malgré la certitude qu'il remplirait sa promesse, ce motif me faisait soupirer avec plus d'ardeur après l'instant de ma liberté.

Mais qu'il se fit attendre, grand Dieu ! le croirait-on ? Une année entière se passa dans ce cachot affreux, avant que les sollicitations de mes amis

pussent obtenir, non pas ma liberté,
mais un jugement. Pendant cette
année terrible, nous apprîmes que
les Français avaient pénétré en Italie;
nous le sûmes malgré les précautions
extrêmes qu'on prenait pour le ca-
cher à Salviati qu'on soupçonnait être
chef d'une révolution préparée dans
ces contrées; tandis qu'au dehors on
faisait circuler le bruit de sa mort.
Que de supplices, que d'angoisses pendant cette année cruelle ! confondue
pour l'opinion et les crimes, avec des
illuminés dont j'étais la première victime, exposée aux mêmes traitemens, éloignée d'un enfant adoré,
me croyant condamnée à une détention éternelle, sans avoir pu me faire
entendre, que de larmes de sang je
versais, lorsqu'enfin arriva le moment
de ma confrontation avec mes persécuteurs !

A la pointe du jour les lampes s'éteignaient ; ce silence de mort fut rompu par l'apparition des Huissiers du Tribunal qui vinrent nous chercher. On nous retira de nos cachots et nous fûmes escortés avec assez de douceur jusqu'au grand carrefour, où l'on nous fit attendre Salviati et le Baron. Ils avaient pour escorte une troupe nombreuse. Je compris aux discours de ces soldats, qu'ils les traitaient de Magiciens. Salviati enveloppé dans son manteau, était entouré de baïonnettes : plusieurs gardes portaient les uns des sceaux d'eau, pour prévenir le feu dont l'Avocat pariassait disposer ; les autres des rosaires pour exorciser le démon dont on le disait possédé. Ce grouppe de gens effrayés et armés, autour du Physicien calme et fier, produisait un spectacle extraordinaire. Quant au

Baron d'Olnitz, il était extrêmement pâle et défait et cherchait à s'appuyer; mais chacun fuyait son attouchement, et le malheureux fut obligé de s'adosser plusieurs fois contre la muraille avant d'arriver jusqu'à nous. Exténué par ses chagrins et la fatigue, il paraissait n'avoir plus qu'un souffle de vie.

Après de longs et mystérieux détours, nous parvînmes à la salle de l'interrogatoire. Deux fenêtres pratiquées dans des murs de vingt pieds d'épaisseur, et grillées à triple rang, donnaient une faible lumière à se séjour lugubre; trois Juges aussi jaunes que les torches qui nous éclairaient siégeaient à une table; à côté de la porte était le Greffier. J'étais consternée de cet appareil; quand j'apperçus avec une joye indicible le jeune Durand appellé pour déposer,

ainsi

ainsi que Morsall , deux autres témoins , et mon fils, mon cher Edvinski! je voulus m'élancer vers lui ,
on s'y opposa ; mais de manière à
me rassurer.

On nous fit placer sur des bancs,
en face des Juges. Salviati ne laissa
approcher personne de lui , et toujours enveloppé de son manteau, il
passa près du Greffier, puis contre les
satellites, et vint s'asseoir aux pieds
des Juges ; cette marche me parut
mystérieuse. Je ne me trompais pas.
Bientôt l'interrogatoire commença par
lui.

— Votre nom? dit le Juge à l'A-
vocat.

— Théodore Maximin Salviati.

— Vos qualités ?

— Ami des hommes et confident
de la nature.

Ecrivez, dit le Juge au Greffier, ce dernier blasphême.

Le Greffier écrit. A peine a-t-il tracé quelque caractères sur le papier, que tout-à-coup son encre bouillonne, et paraît se changer en une coupe de sang. Les caractères prennent feu ; le Greffier pousse un cri d'effroi , et se lève tout tremblant : les gardes , prêts à s'évanouir et courent à leurs fusils déposés en faisceau, à un ratellier d'armes, contre la muraille ; mais quel est leur étonnement et le nôtre , en voyant une main de feu sur le mur qui semble s'opposer à ce qu'on prenne les armes , les soldats sentir de la résistance pour les retirer., et s'écrier qu'un bras invisible retient leurs fusils? En même-tems tous les individus placés dans la salle éprouvent une commotion si forte que plusieurs

sont suffoqués et tombent les uns sur les autres ; *ainsi la foudre frappe les profanes !* s'écrie fièrement Salviati. En même-tems lui, Taillandino et Paolo profitent de ce désordre, et sont prêts à s'échapper, quand le jeune Durand et Morsall, s'élançant avec vigueur, vont fermer les portes, et secondés par deux autres témoins, s'opposent à leur fuite, en s'écriant au Juges : « Insensés ! ainsi le charlatanisme d'un
» frippon l'emportera sur la vérité
» et la vertu ! arrachez le masque
» au mensonge et le manteau dont
» il se couvre. »

A ces mots, Durand dépouille l'Avocat de son manteau. « Juges,
» s'écrie-t-il ! voici la foudre, l'ap-
» pareil électrique qui vous a frappés !
» soldats ! ce bras invisible qui re-
» tient vos armes, n'est qu'un ai-

» mant très - fort, placé contre vos
» fusils, le voici ! vous Greffier,
» si timoré pour votre charge ! une
» simple goûte chimique a changé
» votre encre. Arrachez ces moyens
» au fourbe, et tout va rentrer dans
» l'ordre naturel. » Durand alors saisit le petit appareil électrique de Salviati ; les Sbirres s'enhardissent à l'aspect de l'aimant et du phosphore, causes de leur effroi. Le Greffier change d'écritoire, et l'interrogatoire recommence.

Après quelques réponses laconiques de l'Avocat, celui-ci tente un dernier effort d'effronterie, et montant sur son banc, il s'écrie : « téméraires !
» qui vous érigez en Ministres du
» Très-Haut, et auxquels il ne daigna
» pas révéler ses moindres mystères;
» insolens Geoliers ! qui chargez de
» chaînes ses créatures favorisées, les

» confidens de ses desseins éternels,
» tremblez !.... Que ces portes d'ai-
» rain s'ouvrent devant nous, où le
» bras de l'Eternel va les réduire en
» poudre !... » On sourit alors de ses
menaces, et le Juge quoique un peu
troublé de l'air sombre et illuminé de
Salviati n'en continua pas moins son
interrogatoire. Il fit apporter les procès-verbaux dressés lors de notre arres-
tation, pendant la grande expérience
électrique. Il en lut le contenu qui
révolta l'auditoire. Les enfans sur-tout
qui étaient présens à la confrontation, excitaient un intérêt et une im-
probation plus vifs encore. Quoiqu'ils
fussent en parfaite santé, le récit
des essais tentés sur nous, annonçait
une perversité, une immoralité, au-
dessus peut-être de ce qu'on pouvait
avoir conçu jusqu'alors.

On passa ensuite à l'interrogatoire

I 3

du Baron. Il ne répondit à aucune question. Son corps débile, absorbé, anéanti par ce long séjour dans les cachots, ressemblait à un squelette armé de deux yeux flamboyans. Il était mourrant et paraissait dans un état de stupidité absolue. Quelques larmes qu'il versa en me regardant quand on l'interrogea sur mon compte, s'emblèrent les dernières qui restassent dans son cerveau desséché. On insista pour le faire parler. Il parut alors rassembler toutes ses forces. Ses yeux vitrés devinrent fixes, et il râla ce peu de mots : *innocente autant que belle! ó vertu!* dit-il en mettant avec peine une main sur son cœur déchiré de remords, et me montrant. *Combien tu te venges!... ó nature!* dit-il avec un soupir plus fort ; *on ne lutte pas contre toi!* à ces mots son corps sec s'étendit, se tordit, puis sembla s'allonger de moitié; ses yeux s'éteignirent, il expira.

Le croirait-on ? Je ne pus me défendre d'un mouvement de pitié. La comparaison de cet homme avec Salviati, le rendit moins coupable à mes yeux. Salviati le regarda avec un dédain, un air calme, qui me donnèrent les plus violens soupçons. Les jours du Baron étaient comptés par son état affreux, il ne pouvait exister long - tems ; mais quelques mots échappés au grand illuminé, le dépérissement du corps et d'esprit du Baron et le soin que Salviati prenait de l'empêcher de parler à chaque séance, me persuadent encore que son trépas fut avancé.

Cet incident troubla la fin de la confrontation, et le jugement définitif fut renvoyé. Ce délai m'accablait; mais j'eus la permission jusqu'à la sen-

I 4

tence, de voir mon fils à ma grille chaque soir, et la promesse qu'on ne tarderait pas à me rendre la justice qui m'était due. Elle eût éclaté le même jour , si le perfide Salviati par des propos interrompus ne s'était plû à me compromettre. Cet homme extraordinaire fit frémir tout l'auditoire par des imprécations épouvantables et un air de certitude dans ses prédictions, qui nous glaçait d'effroi. « Quant à vous , Madame , » vous ne sortirez qu'avec nous, me » dit-il , d'une voix tonnante, cela » est écrit , *et les portes seront immenses.* » On ne fit pas assez d'attention à ce propos , à son air d'exaltation, à sa figure violette de courroux; et l'on nous ramena dans nos souterrains.

La marche fut lente et funèbre. Salviati furieux et faisant raisonner

sa voix tonnante sous ces voûtes pro-
longées ; le corps du Baron porté par
plusieurs soldats sur un peu de paille ;
les pleurs de mon fils, mon abattement, une séparation cruelle, tout
donnait à ce moment un caractère
terrible. Salviati arrivé à sa porte,
se jette comme un furieux dans son
cachot. On dépose le Baron devant le
sien en attendant le procès-verbal de
sa mort. Taillandino et Paolo se par-
lèrent bas en montrant la muraille,
avant d'entrer dans le leur, et l'on
me fit continuer ma route ainsi qu'à
Zéphirina pour arriver à ma grille.

Comme notre cortège arrivait à
une espèce de station où était une
chapelle de Vierge, devant laquelle
se croisaient deux souterrains, nous
fûmes traversés par un groupe de
prisonniers sous bonne escorte. Nous
fûmes obligés d'attendre qu'ils eus-

sent défilé. Je donnais le bras à Durand et à un Huissier, étant très-faible ; et je recevais de ce dernier les consolations, et les espérances les plus douces. Il m'expliquait que ceux qu'on conduisait était des *contrefacteurs de cédules*, quand tout-à-coup, le prisonnier marchant en tête, s'arrêta en me regardant. L'obscurité ne me permit pas d'abord de le remarquer ; mais j'appercevais en général un ensemble effrayant et des espèces de phantômes qui ne m'étaient pas inconnus, lorsque le grand prisonnier s'écria : *eh bon jour!.... c'est le petit femme !* puis appercevant Durand : *est - il possible? God-damn! le petit femme l'a mal pendu !* A cette exclamation pouvais-je méconnaître l'infame Talbot? Quelle horreur j'éprouvai ! quel désespoir y succéda quand je vis cette circonstance rejetter les soupçons sur moi ! cette double inculpation ac-ceuillie, l'Huissier quitte mon bras avec indignation, Durand pâlit de fureur et de crainte. « *Allons messir le soldat ! amenir tout le bande, tout ça camarades !* » s'écria Talbot avec une joye féroce. Les Huissiers sur ce mot arrétent Durand, on me saisit de nouveau, à peine me laisse-t-on mon cher Edvinski, et plus res-serrés que jamais, on nous replonge dans nos cachots. En vain Durand in-voquait les puissances célestes et ter-restres ; en vain il protestait de son innocence. Talbot le chargeoit sans cesse par ses propos. *Allons déser-teur*, lui criait-il ! « *venir graver des cedules ! faire gemir la presse.* » Quel souvenir ce mot terrible nous laissait, en même-tems qu'il rejettait sur l'in-fortuné Durand des soupçons plus graves ! Nous étions anéantis par tant d'incidens cruels et inatendus, et la pensée ne nous revint que lorsque des portes de fer se furent de nouveau fermées sur nous.

Cette rencontre faillit me jetter pour jamais en démence. Au moment où j'échappe aux auteurs de mes tourmens, où mon innocence va être proclamée; d'anciens persécuteurs, prêts à essuyer enfin le châtiment qu'ils méritent, me replongent d'un mot dans l'abîme de maux d'où j'étais sortie, et y joignent l'affreuse idée d'y entraîner un ami et un fils. En est - ce assez, grand Dieu ! m'écriai-je, désespérée. Et le jour de la justice ne luira-t-il jamais pour moi ! J'ignore le tems que je mis à recouvrer ma raison; je me retrouvai enfin dans les bras d'Edvinski et près de Zéphirina qui, retirée dans un coin du souterrain n'osait plus s'approcher de nous. Je lui demandai ce qu'on avait fait de Durand ; elle me répondit qu'il était placé dans un cachot en face du nôtre. Plusieurs jours se passèrent dans un abattement inexprimable, et sans que nos sens pussent nous permettre la moindre observation. Je crus cependant remarquer que Salviati, Taillandino et tous les illuminés avaient des moyens de s'entendre ; et quel fut mon étonnement, une nuit, de m'appercevoir que l'Avocat avait le secret d'ouvrir leurs cachots, de les réunir en conciliabule, sans que je pusse démêler leur projet, mais restant glacée de crainte par ce bourdonnement sourd dans l'obscurité, coupé par des imprécations de ces forcenés. Combien ne devais-je pas trembler en pensant qu'ils étaient maîtres d'ouvrir ma prison , et que je pouvais retomber dans tous les périls dont le Ciel m'avait tirée.

Il me sembla bientôt reconnaître qu'ils faisaient des préparatifs extraordinaires. Des gardes endormis chaque jour par des prises narcotiques ; des coups sourds dans la terre et les murs, me donnaient de violentes inquiétudes ; et les pensées les plus noires m'accablaient. Quelle est la perversité des hommes , me disais-je ! où les conduit un premier pas vers l'immoralité ! Salviati a débuté par des erreurs physiques , et il est devenu matérialiste , athée ; tous les principes lui ont paru des chimères , et son association avec ces scélérats, en est le résultat funeste. Le Baron, moins atroce, a suivi la route des sens, en vain il a voilé ses désirs corrompus, de motifs délicats en apparence ; on ne compose pas avec la nature et la vertu. Talbot, Falso, pervertis par l'avarice, se sont jettés d'emblée dans le crime ; et tous ces êtres par des routes différentes sont arrivés à la dépravation et au supplice. Quelle leçon, mon fils, m'écriai-je dans l'excès de ma douleur ! si l'innocence même est compromise, combien ne doit-on pas éviter jusqu'à l'apparence d'une erreur !

Le lendemain on vint chercher Durand. Je saisis une lueur d'espérance. Je pensais que son interrogatoire et mes papiers dont il était dépositaire, exposant la force de la vérité, mettraient enfin au jour ses malheurs et les miens. Mais combien d'incidens inattendus m'avaient jusqu'ici interdit toute conjecture raisonnable. Je fus dans des transes mortelles pendant trois heures qu'il fut absent.

Enfin un bruit confus m'annonça son retour. Je m'élançai à la grille, je le vis peu resserré, j'en conçus un bon augure, et au moment d'entrer dans sa prison, je le vis sourire, et il me cria ces mots : *Morsall et Ernest ont déposé!.... j'ai montré les procès-verbaux de Bude et de Bologne, la vérité triomphe. Demain le jugement et notre liberté.* — *Non!* cria alors une voix sépulcrale qui du fond d'un cachot, fit raisonner sourdement les voûtes. Ce seul mot nous fit trembler; Mais le cri de Durand et ce nom d'Ernest me donnèrent une secousse que je ne puis définir. Ernest! m'écriai-je. Sa présence me paraissait tellement impossible que je crus Durand en délire.

Cependant l'espérance entrait dans mon ame. Avec qu'elle impatience j'attendis le lendemain ! Je passai la nuit entière tenant Edvinski sur mon cœur, qui battait avec violence ; et qu'elle nuit grand Dieu ! que celle dont l'aurore soulève le voile de nos destins !

Enfin l'instant terrible arriva ; celui du jugement général. Je ne crois pas que la trompette de l'Ange redouté, sonnant dans le dernier jour des mortels produise un effet plus effrayant, que le bruit des gonds et ferremens de la grande porte des Juges du Tribunal, qui s'ouvrit pour nous. Plusieurs torches parcoururent lentement les souterrains. Ceux qui les portaient ordonnaient aux prisonniers de paraître à un petit guichet de fer pratiqué au-dessus de chaque porte, pendant que d'autres soldats ouvraient les cadenats de ces guichets. Enfin, ce bruit confus de voix sinistres, de ferremens rouillés, de gémissemens et de blasphêmes , cessa au mot de *silence!* prononcé par le premier Huissier , et les Juges descendirent sur les marches de la grande porte de leur salle , au bout du souterrain. Un silence d'effroi et d'horreur régna pendant quelques minutes. Alors un des Juges lut un exposé des motifs du jugement , assez long , puis il passa aux sentences particulières. J'étais si saisie que je ne puis me rappeller le contenu des motifs et convictions ; le seul souvenir des sentences m'est resté !

— La Comtesse Pauliska , dit la voix qui avait porté les conclusions... je frémis ! — « mise en liberté, ainsi que son fils et Benoît Durand. » — Je faillis m'évanouir de joye. A peine pus-je entendre les jugemens suivans :

— « Marie-Léopolde Guardia , dite

Zéphirina, ancienne Novice à *Santa-Maria*, condamnée à une détention perpétuelle aux Pénitentes Bleues. » — Ce jugement valait une mort lente. L'infortunée fondit en pleurs et ne dit que ces mots : *je ne le verrai donc plus.*

— « Paolo Guardia, Taillandino, renvoyés à un plus ample informé. Il était évident qu'on avait dessein de les faire échapper par le crédit du Cardinal-Legat.

— « Talbot, Falso et consorts, deux ans de galère à Civita-Vecchia. La protection du Cardinal et de l'Angleterre, avait clairement atténué le jugement de ces prévenus.

Enfin, Théodore-Maximin Salviati, convaincu d'athéisme, d'immoralité, d'attentats sur l'honneur et la vie de plusieurs femmes et enfans, condamné à une détention perpétuelle, dans les plombs des égoûts du Château Saint-Ange.

— *Non!* s'écrie alors avec un accent plus terrible encore la même voix sépulcrale, qui avait déjà fait raisonner les voûtes, la veille, par le même mot.

Et dans l'instant, une explosion épouvantable se fait entendre ; l'air comprimé des cachots nous suffoque. Les voûtes fendues, brisées à l'extrémité du souterrain, laissent arriver un jour rouge à travers une fumée épaisse : et plusieurs soldats et prisonniers passent en criant que le bastion du Magasin à poudre du Château avait sauté en l'air, au moyen de mêches disposées par Salviati et ses aides. (*)

____

(*) Tous les papiers ont parlé récemment de cette explosion d'un Magasin à poudre du Château Saint-Ange ; accident dont la cause véritablé était inconnue,

Dans ce désordre horrible, nous fûmes long-tems sans nous reconnaître ; à demi - étouffés, brûlés, comment chercher une issue ! comment former un projet ? Par suite de cet instinct naturel qui nous porte au premier instant, à notre conservation propre, je me trouvai dans la cour pavée, seule. Seule ! quel sens horrible avait ce mot pour moi ! Le cri de la nature se fit entendre dans mon sein, long-tems avant que ma bouche pût le proférer, que mes pieds pussent me soutenir. Je sentis tout-à-coup que je ne vivais pas toute entière et je sortis comme d'un songe, en hurlant le nom d'*Edvinski*. Je courus en tout sens au milieu des décombres, des brasiers, des flammes dévorantes, rien ! rien ! Les portes avaient disparu, la tour du Greffe était en feu. Je me rappellai alors que l'escalier - tournant descendait précisément sur ma prison où devait être encore mon fils ; dès-lors, plus de réflexions , je m'élance dans le vestibule , et je vois plusieurs soldats immobiles et étouffés sur le lit de camp, par suite des exhalaisons funestes du Magasin à poudre sauté. Rien ne m'arrête. Je hazarde de franchir cette pièce ; bientôt un air brûlant, les flammes qui m'environnent attestent que la tour est embrâsée jusques dans les caveaux. Déjà ma robe prenait feu , je sentais pétiller mes chairs; mais nul tourment n'égalait ceux de mon cœur. J'allais me précipiter dans l'escalier, quand une femme , un spectre vivant; mais à demi-brûlé , se présente à moi, sur les dernières marches.

La distance , une fumée horrible, le balancement des flammes,

et plus que tout la transformation de
cet être à demi-consumé, m'empê-
chent de le reconnaître d'abord. Je
remarque seulement à travers ce
voile de feu, que cette femme me
fait signe d'une main de m'éloigner,
et presse de l'autre contre elle, un
phantôme blanc qu'elle porte avec
peine. Elle veut crier, aucun son
me parvient ; elle tend les bras, ce
ne sont déjà plus que des ossemens.
Consternée, frappée de pressentimens et de terreur, j'allais néanmoins m'élancer dans les caveaux
lorsque le spectre parvient à mes
pieds, s'y traine, ouvre une couverture mouillée dont il enveloppait l'objet serré sur son cœur, et je
reconnais qui ? Grand Dieu ! Edvinski sauvé et Zéphirina mourante.
Elle avait couvert de son corps cet
enfant adoré, elle mourait pour lui !

Généreuse infortunée ! m'écriai-je en fondant en pleurs , je t'accablai, et tu fus plus mère que moi ! — Pour réponse, elle lève sur nous ses yeux desséchés et pleins encore d'expression. Ses lèvres consumées s'ouvrirent vainement plusieurs fois ; enfin elles me font parvenir ces derniers sons plaintifs et déchirans : " pardonnez-
„ moi d'avoir été heureuse en le sau-
„ vant ! „ — Pénétrée d'admiration et de douleur je veux relever cette infortunée , je saisis ses mains... juste Ciel! ses chairs restent en poudre dans les miennes , ses bras de squelette embrassent mes genoux , sa tête s'abaisse , se dissout sur mes pieds , elle expire....... Et cet être de feu, au physique et au moral, s'évanouit comme un songe en tombant en poussière.

Saisie jusqu'au fond de l'ame, j'emporte

j'emporte mon fils encore évanoui, et je parviens dans la cour. Là, confondue, anéantie par mes craintes, mes transports et ma reconnaissance, j'arrosai de mes pleurs les marches de cette tour effroyable, tombeau de cette femme exaltée que j'accablai trop long-tems. Que de réflexions funestes m'assaillirent en cet instant ! « Ne jugeons jamais des hu-
» mains dans le désordre des sens,
» mécriai-je ! que d'êtres généreux
» on méconnaît ! que de remords
» on rejette ! que d'injustices on se
» prépare ! » Noyée de larmes, je tombai dans un abattement, un état d'insensibilité, suite de tant de secousses, et j'ignore ce qui se passa depuis ce moment jusqu'à celui ou je me trouvai dans la première cour du Château entre les bras de Durand, de Morsall, et le croirait-on ? d'Ernest.

Tome II.   K

Ce contraste subit d'adversité et de bonheur faillit m'enlever un reste de raison. Et comment suffire à tant d'impression violentes et accumulées! Je repris enfin mes forces. Tout l'intérieur du Château était dans un désordre facile à imaginer. Cependant le poste du premier pont-levis était rétabli, et nous ne pûmes sortir que d'après un examen assez scrupuleux de nos personnes. La première frayeur dissipée, on avait porté à ce point une garde très-forte, chargée de prévenir toute évasion; mais reconnue par le Greffier du Tribunal qui avait encore la sentence, Morsall n'eut pas de peine à obtenir que je me retirasse de suite au logement qu'Ernest m'avait fait préparer. Nous apprîmes, le lendemain, que Salviati, victime de sa propre vengeance, avait péri avec une grande partie de ses compa-

gnons. Quoiqu'il eut calculé la distance où il se trouvait du Magasin
à poudre , pour ne point sauter ,
la disposition des voûtes avait fait
écrouler la sienne , et il était resté
enseveli sous ses ruines. Talbot ,
Falso , trop prompts à s'évader ,
avaient été trouvés blessés dans les
décombres et renfermés de nouveau.
Ainsi la faulx du tems moissonna
enfin les coupables ; ainsi le Ciel fut
juste et l'innocence sauvée.

Revenue à moi , à la possibilité de
sentir tout mon bonheur , je voulus
savoir par quel événement je me trouvais ainsi réunie à Ernest. Ses vêtemens
lugubres m'indiquaient assez qu'il était
libre ; mais comment avait-il pu connaître ma captivité , et venir si gé-
néreusement m'y arracher ? Morsall
m'expliqua alors , qu'après l'événe-

ment cruel qui m'avait fait retomber dans les mains du Baron d'Olnitz, et de là dans les fers du Tribunal, tremblant pour mon sort, sans ressources pour y remédier, et faire des démarches si urgentes, il s'était hâté d'après l'avis de Durand, d'en écrire à Ernest, à Molsheim ; que cet ami constant, instruit de mon malheur, n'avait pas perdu un instant pour accourir prodiguer sa fortune et ses soins afin de démontrer mon innocence, et que ma liberté était encore plus l'ouvrage de l'amour que de leur amitié. « Ah ! ne parlons encore que
» d'amitié, dit Ernest en soupirant,
» et jettant les yeux sur ses crêpes :
» je dois un long hommage à la
» tendre et infortunée Julie. Son
» cœur n'était pas de ce siècle. Une
» jalousie extrême l'a minée lente-
» ment, et l'a conduite au tom-

» beau. Aucuns soins , aucuns té-
» moignages de tendresse n'ont pu
» dissiper un fond de mélancolie,
» suite de la persuasion de mon in-
» différence pour elle, et d'un atta-
» chement pour vous. Elle n'est plus,
» et si je ne pus lui donner mon
» amour, je dois des larmes éter-
» nelles à sa candeur, à sa tendresse
» inépuisable. »

Après plusieurs mois d'une liaison
amicale et si douce après tant d'o-
rages, un nœud plus saint encore
vient de me lier à Ernest, et nous
nous trouvons tous rassemblés à Lau-
sanne, au sein de l'aisance et de la
paix. — Là, épouse chérie, mère
fortunée, si je verse quelque pleurs
de confusion au souvenir de tant
d'humiliations peu méritées, ils sont
essuyés par l'amour, par des amis

véritables et par le charme conso-
lant d'une conscience pure et irré-
prochable.

Fin du Second et dernier Volume.

9 782019 955199